BÍBLIA MINISTERIAL

BÍBLIA MINISTERIAL

Uma Bíblia abrangente para toda a liderança

Editora Vida
Rua Conde de Sarzedas, 246 – Liberdade
CEP 01512-070 – São Paulo, SP
Tel.: 0 xx 11 2618 7000
Fax: 0 xx 11 2618 7030
www.editoravida.com.br

Editor responsável:
Marcelo Smargiasse

Editor-assistente:
Gisele Romão da Cruz Santiago

Tradução:
Carlos Caldas
William Lane

Revisão de tradução e preparação:
Sônia Freire Lula Almeida

Cotejamento de arquivos:
Amanda Santos

Cotejamento do texto bíblico:
Adriana Seris

Revisão de provas:
Gisele Romão da Cruz Santiago

Diagramação:
Claudia Fatel Lino

Capa:
Arte Peniel

Edição publicada sob permissão contratual com Cristianity Today, Illinois, EUA.
Originalmente publicado nos EUA com o título
Minstry Essentials Bible NIV
Copyright ©2001, The Zondervan Corporation (notas e ajudas)
Copyright da tradução ©2012, Cristianity Today

Todos os direitos desta tradução em língua portuguesa reservados por Editora Vida.

PROIBIDA A REPRODUÇÃO POR QUAISQUER MEIOS, SALVO EM BREVES CITAÇÕES, COM INDICAÇÃO DA FONTE.

Bíblia Sagrada, Nova Versão Internacional TM ©1993, 2000
Copyright por International Bible Society.
Usado com permissão. Todos os direitos reservados mundialmente.

O texto pode ser citado de várias maneiras (escrito, visual, eletrônico ou áudio) até quinhentos (500) versículos sem a expressa permissão por escrito do editor, cuidando para que a soma de versículos citados não complete um livro da Bíblia nem os versículos computem 25% ou mais do texto do trabalho em que são citados.
O pedido de permissão que exceder as normas de procedimento acima deve ser dirigido à e aprovado por escrito pela International Bible Society, 1820 Jet Steam Drive, Colorado Springs, CO 80921, USA.

Bíblia Sagrada, Nova versão Internacional TM ©1993, 2000
Copyright by International Bible Society.
Used by permission. All rights reserved worldwide.

The text may be quoted in any form (written, visual, electronic or audio), up to and inclusive of five hundred (500) verses without the express written permission of the publisher, providing the verses quoted do not amount to a complete book of the Bible nor do the verses quoted account for 25 percent (25%) or more of the total text of the work in which they are quoted. Permission requests that exceed the above guidelines must be directed to, and approved in writing by, International Bible Society, 1820 Jet Stream Drive, Colorado Springs, CO 80921, USA.

1. edição: abr. 2016

Dados Internacionais de Catalogação na Publicação (CIP)
(Câmara Brasileira do Livro, SP, Brasil)

Bíblia ministerial : uma Bíblia abrangente para toda a liderança / Christianity Today ; [tradução Carlos Caldas, William Lane]. -- São Paulo : Editora Vida, 2016.

Título original: Ministry essentials Bible NIV
ISBN 978-85-383-0328-2

1. Bíblia – Nova Versão Internacional.
I. Christianity Today.

15-11208 CDD-220.52081

Índice para catálogo sistemático:

1. Bíblia ministerial : Nova Versão Internacional   220.52081

SUMÁRIO

Livros da Bíblia em ordem alfabética........... vi
Prefácio à Nova Versão Internacional......... vii
Como usar esta Bíblia xi

ANTIGO TESTAMENTO

Gênesis 1	2Crônicas 597	Daniel 1223
Êxodo 81	Esdras 637	Oseias 1257
Levítico 129	Neemias 671	Joel 1271
Números 165	Ester 689	Amós 1277
Deuteronômio 231	Jó 699	Obadias 1309
Josué 291	Salmos 761	Jonas 1313
Juízes 319	Provérbios 883	Miqueias 1317
Rute 347	Eclesiastes 921	Naum 1325
1Samuel 353	Cântico dos Cânticos 933	Habacuque 1329
2Samuel 405	Isaías 941	Sofonias 1335
1Reis 437	Jeremias 1037	Ageu 1341
2Reis 491	Lamentações 1137	Zacarias 1345
1Crônicas 543	Ezequiel 1163	Malaquias 1357

NOVO TESTAMENTO

Mateus 1381	Efésios 1741	Hebreus 1851
Marcos 1439	Filipenses 1775	Tiago 1865
Lucas 1481	Colossenses 1781	1 Pedro 1871
João 1543	1Tessalonicenses 1807	2Pedro 1895
Atos dos Apóstolos 1595	2Tessalonicenses 1813	1João 1899
Romanos 1651	1Timóteo 1817	2João 1905
1Coríntios 1689	2Timóteo 1841	3João 1907
2Coríntios 1721	Tito 1845	Judas 1909
Gálatas 1733	Filemom 1849	Apocalipse 1933

Pesos e medidas 1954
Guia de recursos práticos 1955
Índice dos ensaios e tópicos 2026
Colaboradores 2035
Concordância bíblica abreviada 2045

LIVROS DA BÍBLIA EM ORDEM ALFABÉTICA

Ageu 1341	Josué 291
Amós 1277	Judas 1909
Apocalipse 1933	Juízes 319
Atos dos Apóstolos 1595	Lamentações 1137
Cântico dos Cânticos 933	Levítico 129
Colossenses 1781	Lucas 1481
1Coríntios 1689	Malaquias 1357
2Coríntios 1721	Marcos 1439
1Crônicas 543	Mateus 1381
2Crônicas 597	Miqueias 1317
Daniel 1223	Naum 1325
Deuteronômio 231	Neemias 671
Eclesiastes 921	Números 165
Efésios 1741	Obadias 1309
Esdras 637	Oseias 1257
Ester 689	1Pedro 1871
Êxodo 81	2Pedro 1895
Ezequiel 1163	Provérbios 883
Filemom 1849	1Reis 437
Filipenses 1775	2Reis 491
Gálatas 1733	Romanos 1651
Gênesis 1	Rute 347
Habacuque 1329	Salmos 761
Hebreus 1851	1Samuel 353
Isaías 941	2Samuel 405
Jeremias 1037	Sofonias 1335
Jó 699	1Tessalonicenses 1807
João 1543	2Tessalonicenses 1813
1João 1899	Tiago 1865
2João 1905	1Timóteo 1817
3João 1907	2Timóteo 1841
Joel 1271	Tito 1845
Jonas 1313	Zacarias 1345

PREFÁCIO À NOVA VERSÃO INTERNACIONAL

A *Nova Versão Internacional* (*NVI*) da Bíblia é a mais recente tradução das Escrituras Sagradas em língua portuguesa a partir das línguas originais.

A realização deste empreendimento tornou-se possível pelos esforços da Sociedade Bíblica Internacional, que em 1990 reuniu uma comissão de estudiosos dedicados a um projeto de quase uma década.

Milhares de horas foram gastas no trabalho individual e em grupo. Muitas foram as reuniões da comissão realizadas em São Paulo, Campinas, Atibaia, Caraguatatuba, Curitiba, São Bento do Sul, Miami, Dallas, Denver e Colorado Springs. Quase vinte estudiosos de diferentes especialidades teológicas e linguísticas empreenderam o projeto de tradução da *NVI*. Esses peritos representavam os mais diferentes segmentos denominacionais; todos, porém, plenamente convictos da inspiração e da autoridade das Escrituras Sagradas.

À erudição representada pela Comissão da *NVI*, além da diversidade teológica e regional (de várias partes do Brasil), aliou-se o que há de mais elevado em pesquisas teológicas e linguísticas disponíveis atualmente em hebraico, alemão, inglês, holandês, espanhol, italiano, francês e português. Dezenas de comentários, dicionários, obras de consulta e modernos *softwares* foram consultados durante o projeto.

A também diversidade do grupo de tradutores muito contribuiu para a qualidade da nova tradução. Formou-se uma comissão composta de tradutores brasileiros e estrangeiros (teólogos de vários países: EUA, Inglaterra, Holanda), três de seus membros residindo fora do Brasil (EUA, Israel e Portugal). Convém também ressaltar que dezenas de outras pessoas participaram no auxílio direto ou indireto ao projeto, nas mais diversas tarefas.

O propósito dos estudiosos que traduziram a *NVI* foi somar à lista das várias traduções existentes em português um texto novo que se definisse por quatro elementos fundamentais: *precisão*, *beleza de estilo*, *clareza* e *dignidade*. Sem dúvida alguma, a língua portuguesa é privilegiada pelo fato de contar com tantas boas traduções das Escrituras Sagradas. A *NVI* pretende fazer coro a tais esforços, prosseguindo a tarefa de transmitir a Palavra de Deus com fidelidade e com clareza, reconhecendo ao mesmo tempo a necessidade de uma nova tradução das Escrituras em português. Essa necessidade comprova-se particularmente em razão de dois fatores:

1. a dinâmica de transformação constante da linguagem, tanto no vocabulário como na organização de frases (sintaxe).
2. o aperfeiçoamento científico no campo da arqueologia bíblica, do estudo das línguas originais e de línguas cognatas, da crítica textual e da própria ciência linguística.

Prefácio à Nova Versão Internacional

A *NVI* define-se como tradução evangélica, fiel e contemporânea. Não se trata de tradução literal do texto bíblico, muito menos de mera paráfrase. O alvo da *NVI* é comunicar a Palavra de Deus ao leitor moderno com tanta clareza e impacto quanto os exercidos pelo texto bíblico original entre os primeiros leitores. Por essa razão, alguns textos bíblicos foram traduzidos com maior ou menor grau de literalidade, levando sempre em conta a compreensão do leitor. O texto da *NVI* não se caracteriza por alta erudição vernacular, nem por um estilo muito popular. Regionalismos, termos vulgares, anacronismos e arcaísmos foram também deliberadamente evitados.

Quanto ao texto original, a *NVI* baseou-se no trabalho erudito mais respeitado em todo o mundo na área da crítica textual, tanto no caso dos manuscritos hebraico e aramaico do Antigo Testamento (AT) como no caso dos manuscritos gregos do Novo Testamento (NT). Não obstante, a avaliação das opções textuais nunca foi acrítica. Estudiosos da área poderão constatar que, tanto nas notas de rodapé como no texto bíblico, a comissão foi criteriosa e sensata em sua avaliação.

O processo de tradução importou inicialmente no trabalho individual dos tradutores, que sempre se submeteram à visão da Comissão e às suas diretrizes. As questões gerais, mais difíceis e teologicamente muito relevantes, sempre foram discutidas e avaliadas em conjunto, para que fossem consideradas de todos os ângulos e não refletissem nenhuma perspectiva particular. Os enfoques teológico, linguístico, histórico, eclesiástico e estilístico sempre encontraram espaço na avaliação das decisões do grupo.

Com o propósito de melhor apresentar o perfil da *NVI*, queremos enumerar suas peculiaridades:

1. Fluência de linguagem
Em razão da grande diferença entre a sintaxe do português atual e a das línguas originais, a *NVI* entende não ser possível comunicar de modo adequado a Palavra de Deus prendendo-se à estrutura frasal do hebraico, do aramaico e do grego. Por essa razão, os versículos são organizados em períodos menores, pontuados conforme as exigências da língua portuguesa e apresentando uma fluência de leitura da qual a Bíblia é digna.

2. Nível da linguagem
O nível de linguagem da *NVI* prima ao mesmo tempo pela dignidade e pela compreensão. Trata-se de uma versão útil para o estudo aprofundado, para a leitura pessoal, para a leitura pública e para a evangelização. É muito importante destacar que o nível de formalidade da linguagem foi definido de acordo com o contexto. Para exemplificar, lembramos ao leitor que o tratamento de um servo para com o rei deve necessariamente ser diferente daquele utilizado pelos servos entre si.

3. Imparcialidade teológica
Por ser versão evangélica, a *NVI* procura apresentar uma tradução livre de interpretações particulares e denominacionais. No que diz respeito a questões menores que marcam a diversidade do mundo evangélico, a *NVI* não se permitiu traduzir nenhum texto bíblico com a intenção de ajustá-lo à doutrina particular de qualquer denominação ou corrente teológica.

4. Atenção aos diferentes gêneros de composição

Além da divisão em versículos, comum a todas as traduções da Bíblia, a *NVI* também organiza o texto bíblico seguindo padrões já estabelecidos de estruturação textual. O leitor encontrará a divisão em parágrafos, muito importante para a subdivisão do texto em unidades menores completas, e a diagramação diferenciada dos gêneros básicos de composição do texto bíblico. Os estilos narrativo, poético e epistolar apresentam diagramação distinta, facilmente identificável em cada caso.

5. Honestidade científica

Nem sempre a melhor tradução será a mais aceita. Em alguns textos haverá leitores que acharão a tradução da *NVI* muito diferente. Todavia, conscientes da responsabilidade de traduzir fielmente as Escrituras, os membros da Comissão da *NVI* preferiram seguir o sentido do original, ainda que alguns venham a estranhar a nova tradução. Nos casos em que o texto original apresenta dificuldades especiais de tradução ou permite mais de uma forma de verter o texto, foram incluídas notas de rodapé com a informação necessária.

6. Riqueza exegética

Muitos textos bíblicos, quando avaliados mais profundamente à luz da linguística e da exegese, transmitem seu conteúdo com muito mais clareza e impacto. O leitor poderá verificar na leitura da *NVI* a riqueza exegética da tradução. Muitos textos explicitarão mais nitidamente o campo semântico de determinadas palavras, bem como a função de certas construções gramaticais para o benefício de todos.

7. Notas de rodapé

As notas de rodapé são frequentes na *NVI*. Tais notas enriquecedoras atendem a várias necessidades: a) tratam de questões de crítica textual, isto é, de leituras alternativas nas línguas originais; b) apresentam traduções alternativas; c) oferecem explicações; e, d) mostram qual seria a opção literal de tradução. Não há dúvida de que permitirão ao leitor uma compreensão muito maior do texto sagrado.

8. Pesos e medidas

Levando em conta as diferenças culturais entre o mundo atual e o mundo bíblico, a *NVI* traduziu os pesos e as medidas do texto sagrado levando em conta o leitor de hoje. Portanto, o sistema métrico decimal foi utilizado para tornar claras as distâncias. Também as medidas de peso e de capacidade receberam equivalentes contemporâneos.

9. A relação com a *New International Version (NIV)*

A *NVI* segue o mesmo ponto de partida da *NIV*, versão em língua inglesa reconhecida internacionalmente. A filosofia de tradução é muito semelhante. Todavia, não se deve imaginar que a variante anglófona foi a única fonte de referência da *NVI*. Muito da contribuição exegética da versão irmã em língua inglesa foi incorporada à *NVI*. No entanto, a Comissão de

Prefácio à Nova Versão Internacional

Tradução da *NVI* preferiu em muitos textos opções exegéticas bem distintas da versão inglesa. Jamais houve dependência obrigatória da *NVI* em relação à *NIV* (ou em relação a qualquer outra versão estrangeira) em qualquer âmbito: teológico, exegético, hermenêutico etc.

Estamos conscientes de que a *Nova Versão Internacional* terá imperfeições e dificilmente terá atingido todos os seus alvos. No entanto, estamos certos de que essa tradução será uma grande bênção para todos os falantes da língua portuguesa em todos os continentes em que ela marca a sua presença. Se milhões de vidas forem abençoadas, compreendendo melhor a Revelação escrita de Deus aos homens e conhecendo de modo profundo a bendita pessoa de nosso Senhor e Salvador Jesus Cristo, nosso propósito terá sido alcançado.

Comissão de Tradução

COMO USAR ESTA BÍBLIA

A *Bíblia Ministerial* foi projetada para preparar líderes eclesiásticos e paraeclesiásticos — na verdade, todos em qualquer função ministerial — com as ferramentas práticas de que precisarão para conduzir questões ministeriais no dia a dia. O conteúdo não tem a intenção de apresentar recursos exaustivos para cada tópico ministerial. Antes, o objetivo desta Bíblia é fornecer a líderes atarefados pontos de vista sucintos, sábios e aplicáveis quanto às facetas mais comuns da liderança cristã. Cremos que esta Bíblia será útil para quatro grupos de líderes, a saber:

- Pastores experientes que precisam de lembretes ou de perspectivas novas sobre como lidar com questões pastorais específicas.
- Pastores iniciantes ou pastores biocupacionais que precisam de informações básicas e orientações práticas para tratar de questões e desafios comuns ao ministério.
- Líderes leigos envolvidos no ministério cristão que deparam com muitas das mesmas questões que os pastores enfrentam no dia a dia.
- Pessoas em qualquer papel de liderança: missionários, ministérios de capelania estudantil, conselheiros e tantos outros.

Material adicional

Com esses líderes em mente, selecionamos cuidadosamente cerca de 250 artigos práticos que acompanham o texto bíblico. Os artigos estão divididos nos seguintes cinco temas principais de ministério:

1. Liderança espiritual
2. Pregação, oração corporativa e discipulado
3. A vida espiritual do líder
4. Pastoreando em situações específicas
5. Evangelismo e justiça social

Esses cinco temas principais estão divididos no total de 28 categorias. Por exemplo, o primeiro tema, "Liderança espiritual", inclui as seguintes categorias de ministério: "O sublime chamado para a liderança espiritual", "Conduzindo mudanças", "Desenvolvendo novos líderes", "Orientando a igreja a contribuir", "Visão, valores e planejamento estratégico", "Administrando conflitos", "Formando e liderando equipes" e "Gerenciando e motivando voluntários". Cada uma dessas categorias contém entre 5 e 12 artigos.

Cada categoria está também ligada a um versículo bíblico que apresenta uma base teológica para aquela área ministerial. Por exemplo, se você abrir esta Bíblia em Jó, encontrará

Como usar esta Bíblia

todos os artigos para a categoria de "Pastoreando os mentalmente doentes". Nessa passagem, Jó clama a Deus: "pois me vêm suspiros em vez de comida; meus gemidos transbordam como água [...]. Não tenho paz, nem tranquilidade, nem descanso; somente inquietação". À semelhança de Jó, os mentalmente doentes com frequência sentem terror, medo e inquietação o tempo todo, não paz e tranquilidade. Logo, esse texto bíblico âncora apresenta a base para examinar como você pode começar a pastorear os mentalmente doentes.

O que esperar de cada artigo

Os 250 artigos desta Bíblia focam diferentes facetas de ministérios eclesiásticos ou paraeclesiásticos, mas todos têm alguns pontos em comum:

- *Os artigos foram escritos por pastores, conselheiros, teólogos e outros líderes cristãos experientes.* Você pode ter familiaridade com alguns deles — Bill Hybels, Gordon MacDonald, John e Nancy Ortberg, Billy Graham, John Stott ou Francis Chan —, mas todos os autores se destacaram em uma ou outra área do ministério.
- *Os artigos são curtos.* Muitos deles têm cerca de mil palavras e foram intencionalmente projetados para que você possa ter uma visão panorâmica, mas bem pensada, de determinada faceta do ministério. Para os que desejam mais informações sobre qualquer desses tópicos, incluímos uma lista de leituras adicionais (nas páginas finais) com recursos extras para cada categoria.
- *Os artigos são práticos.* Há pouca teoria nesses artigos. Eles foram pensados para dar perspectivas ou dicas práticas que você pode aplicar imediatamente ao seu contexto ministerial.

Como focar uma das 28 categorias

Digamos que sua igreja ou organização esteja passando por um momento de tensão e você precise de conselhos sobre como lidar com conflitos. A categoria "Administrando conflitos" tem nove artigos cuidadosamente selecionados sobre o tema resolução de conflitos. Alguns desses, como "Princípios inegociáveis do conflito", por Bill Hybels, apresentam uma ampla visão dessa categoria. Outros artigos, por exemplo, "Como confrontar alguém", de Daniel Brown, têm como foco uma faceta mais particular do conflito. Se você ler toda a seção, terá nove perspectivas diferentes sobre diferentes facetas do conflito. É como um curso intensivo sobre como lidar com conflitos em seu ministério.

Evidentemente você não precisa ler toda uma categoria para encontrar ajuda nesta Bíblia. Como muitas pessoas não têm tempo para ler um livro inteiro sobre cada uma das numerosas questões cobertas nessas categorias, muitos dos artigos apresentam uma visão básica, mas prática. Por exemplo, se você precisa ministrar a alguém que tem distúrbio de alimentação ou sofre de desordem de estresse pós-traumático, há artigos que darão uma breve abordagem inicial sobre como oferecer cuidado pastoral nesses casos.

O ministério não é fácil. Pergunte a qualquer dos líderes espirituais da Bíblia e da História. Mas lembre-se de que você não está sozinho(a). A promessa de Deus que encontramos na Bíblia continua sendo verdadeira: "Eu estou contigo".

Os EDITORES,
Bíblia Ministerial

Como usar esta Bíblia

Liderança espiritual

"Liderança espiritual" é o tipo da expressão que faz que cristãos comuns se sintam intimidados. Talvez você pense: *Eu sou um seguidor de Cristo, amo as pessoas, mas não sei se posso dizer que sou um líder*. Mas em toda a Bíblia Deus escolhe, prepara e usa pessoas comuns, até mesmo pessoas caídas e fracas. Afinal, quem não é assim? Então, anime-se; ele pode usar sua vida como líder também. Claro, não é algo fácil. A liderança em uma igreja ou organização paraeclesiástica envolve uma complexa gama de conhecimentos e habilidades, como comunicação da visão, formação de equipes, mentoreamento de novos líderes, administração de conflitos, administração de mudanças e motivação de voluntários. A lista de habilidades e responsabilidades pode fazer que você perca o fôlego! Mas lembre-se de que não estamos falando apenas de liderança; estamos falando de liderança *espiritual*. Em outras palavras, a liderança não tem a ver apenas com você. Como alguém que segue Cristo, você tem o Espírito Santo. Deus habita em você. Você também tem a sabedoria dos companheiros de fé em Cristo que são seus mentores de liderança. Esses artigos — que vêm junto com anos de sabedoria — ajudarão você a se tornar o líder que Deus quer que você seja.

Pregação, oração corporativa e discipulado

O apóstolo Paulo tinha uma compreensão clara de seu papel como líder espiritual: ele se esforçou para proclamar Cristo com paixão e clareza a fim de que pudesse apresentar "todo homem perfeito em Cristo" (Colossenses 1.28). É um alvo elevado, mas é o alvo para todos que estão no ministério cristão. Queremos ver as pessoas conhecerem Cristo, crescer em Cristo e então servir ao mundo para Cristo. Como isso acontece? Esse tema explora três caminhos básicos para ajudar as pessoas a se tornarem plenamente maduras em Cristo: pregação, oração coletiva e discipulado. Pregação é um ato sobrenatural da graça de Deus e um esforço muito humano que envolve habilidades de aprendizagem e aperfeiçoamento de capacidades específicas. A oração coletiva, conquanto seja uma possibilidade poderosa para ajudar as pessoas a crescer em Cristo, precisa começar com os líderes. E o discipulado está enraizado no exemplo de Jesus de uma vida tocando a outra. Tal como diz George MacDonald, "o discipulado é a arte perdida de identificar e mentorear pessoas potencialmente profundas — isto é, pessoas cuja vida está organizada tendo Jesus como seu centro". Essas não são as únicas três maneiras de promover maturidade em Cristo, mas é difícil imaginar um ministério florescente que não as envolva.

A vida espiritual do líder

As tarefas dos líderes espirituais podem ser descritas de muitas maneiras, mas, quaisquer que sejam, há sempre um ponto em comum: dão prioridade aos outros. Talvez seja por isso que você tenha se interessado por esta Bíblia especial. Você quer servir e fazer diferença no mundo por causa de Cristo. Isso consome seu tempo e sua energia e pode fazer que você se sinta cansado, esgotado e vazio. É por isso que todos os líderes precisam cuidar do seu relacionamento com o

Como usar esta Bíblia

Senhor e alimentá-lo. Em um dos pontos mais dramáticos da vida de Davi, a Bíblia nos diz que "Davi [...] fortaleceu-se no Senhor seu Deus" (1Samuel 30.6). Observe que Davi não esperou que o povo que ele liderava o fizesse para ele. Ele teve de tomar a iniciativa de encontrar força no Senhor. Os artigos sobre esse tema têm como foco maneiras úteis pelas quais você pode praticar disciplinas espirituais, manter o equilíbrio e a saúde emocional e estabelecer sua integridade como seguidor de Cristo.

Pastoreando em situações específicas

Como líder espiritual, você precisa assumir diferentes funções — mestre, motivador, orientador, visionário, organizador de equipes, planejador, estrategista. Mas não importa quantas pessoas você lidere ou quão ampla seja sua influência, há uma função em especial que não pode ser descartada: pastor de rebanho. Essa imagem pode parecer arcaica, mas biblicamente falando ela ainda está no coração não apenas do que você faz, mas de quem você é. O que é um pastor? Antes de mais nada, como pastor você tem um rebanho, um grupo específico de pessoas que precisam do seu cuidado. Segundo, ter um rebanho significa que você recebeu um chamado para proteger, orientar, cuidar e tomar conta dos membros feridos do seu rebanho. E, em nosso mundo quebrado, há tantas maneiras pelas quais a vida pode maltratar seu rebanho: dor e perda, vícios, traumas, doença mental, batalha espiritual, divórcio, distúrbios de alimentação são apenas algumas possibilidades. Esses artigos ajudarão a preparar você para que possa conduzir seu povo até o Verdadeiro Pastor e Curador do rebanho.

Evangelismo e justiça social

Samuel Escobar apresenta motivações claras para a evangelização e a justiça social: "Quando o povo de Deus se encontra com ele, então da maneira mais natural quer compartilhar as boas-novas com os outros". Em outras palavras, quando nos encontramos com Deus em adoração, isso naturalmente faz que nos envolvamos em evangelização, missão e serviço às pessoas ao nosso redor. "O amor de Cristo nos constrange" (2Coríntios 5.14), de modo que queremos nos envolver com evangelização e justiça social. Ajith Fernando afirma que "não podemos esperar que as pessoas venham a nós — nós precisamos com urgência ir até elas". Muitos desses artigos ajudarão você e a sua organização a encontrarem maneiras criativas para compartilhar o evangelho com as pessoas do meio no qual vocês se encontram. Mas há também maneiras pelas quais você pode apresentar a graça, a compaixão e a justiça de Deus, especialmente aos membros mais vulneráveis do nosso mundo caído: imigrantes e refugiados, sem teto, presidiários e sua família, e vítimas do tráfico de seres humanos. Biblicamente, não somos chamados ou a evangelizar ou a praticar a justiça; somos chamados para *ambas* as atividades, para a glória do nome de Deus.

ANTIGO TESTAMENTO

Introdução a GÊNESIS

PANO DE FUNDO

Gênesis é uma palavra grega que significa "fonte", "origem" ou "princípio". Vem da primeira expressão de 1.1: "No princípio" (*bereshit* em hebraico). Gênesis é o livro dos princípios, desde a criação do Universo até a era patriarcal de Abraão, Isaque e Jacó e seus filhos, os pais fundadores do povo de Israel.

Gênesis é também o primeiro livro do Pentateuco (a Lei), os cinco livros de Moisés. Gênesis, Êxodo, Levítico e Números são uma narrativa contínua, revista pelo livro de Deuteronômio. A autoria de Moisés é apoiada pelo *Talmude* e por textos do Novo Testamento (v. Mateus 19.8; Marcos 12.26; Lucas 16.31; João 5.46,47).

MENSAGEM

O livro de Gênesis apresenta uma razão para o restante da Bíblia: o plano de Deus para resgatar o povo que ele criou depois da queda de Adão e Eva (3.1-24). Como o pecado não pode permanecer na presença de um Deus santo, Adão e Eva e seus descendentes enfrentaram separação eterna de seu Criador.

A primeira indicação do plano de Deus para resgatar o povo do pecado pelo envio de um Salvador está em 3.15, em que Deus diz à serpente: "Porei inimizade entre você e a mulher, entre a sua descendência e o descendente dela; este ferirá a sua cabeça, e você lhe ferirá o calcanhar". Das nações que se dispersam depois da torre de Babel (11.1-9), Deus escolhe uma família — a de Abraão, Isaque e Jacó, este teve o nome mudado para Israel — por meio da qual seu plano de salvação viria a se concretizar.

ÉPOCA

Enquanto a narrativa de Gênesis se estende do início do mundo até a morte de José (c. 1805 a. C.), o livro de Gênesis foi escrito provavelmente entre 1445 e 1406 a.C., enquanto o povo de Israel estava acampado no deserto.

ESBOÇO

I. Criação de um povo
- A. Deus cria o mundo e o povo que o habita — 1.1—2.25
- B. O mal tem início e se espalha — 3.1—6.7
- C. A terra é julgada, inundada e renovada — 6.8—11.26

II. Criação de uma nação
- A. Genealogias de Abraão, Isaque e Ismael — 11.27—25.18
- B. Genealogias de Isaque, Jacó e Esaú — 25.19—37.1
- C. Os filhos de Jacó (Israel) — 37.2—50.26
  1. José é vendido como escravo — 37.2-36
  2. O pecado de Judá — 38.1-30
  3. José escravo no Egito — 39.1—41.36
  4. José governa o Egito — 41.37-57
  5. Os irmãos de José no Egito — 42.1—45.28
  6. Jacó se estabelece com sua família no Egito — 46.1—50.26

O Princípio

1 No princípio[a] Deus criou os céus e a terra.[1b]

2 Era a terra sem forma e vazia;[c] trevas cobriam a face do abismo, e o Espírito de Deus[d] se movia sobre a face das águas. **3** Disse Deus:[e] "Haja luz", e houve luz.[f] **4** Deus viu que a luz era boa, e separou a luz das trevas. **5** Deus chamou à luz dia, e às trevas chamou noite.[g] Passaram-se a tarde e a manhã; esse foi o primeiro dia.

6 Depois disse Deus: "Haja entre as águas um firmamento[h] que separe águas de águas". **7** Então Deus fez o firmamento e separou as águas que ficaram abaixo do firmamento das que ficaram por cima.[i] E assim foi. **8** Ao firmamento, Deus chamou céu. Passaram-se a tarde e a manhã; esse foi o segundo dia.

9 E disse Deus: "Ajuntem-se num só lugar[j] as águas que estão debaixo do céu, e apareça a parte seca". E assim foi. **10** À parte seca Deus chamou terra, e chamou mares ao conjunto das águas. E Deus viu que ficou bom.

11 Então disse Deus: "Cubra-se a terra de vegetação:[k] plantas que deem sementes e árvores cujos frutos produzam sementes de acordo com as suas espécies". E assim foi. **12** A terra fez brotar a vegetação: plantas que dão sementes de acordo com as suas espécies, e árvores cujos frutos produzem sementes de acordo com as suas espécies. E Deus viu que ficou bom. **13** Passaram-se a tarde e a manhã; esse foi o terceiro dia.

14 Disse Deus: "Haja luminares[l] no firmamento do céu para separar o dia da noite. Sirvam eles de sinais[m] para marcar estações,[n] dias e anos, **15** e sirvam de luminares no firmamento do céu para iluminar a terra". E assim foi. **16** Deus fez os dois grandes luminares: o maior para governar[o] o dia e o menor para governar a noite; fez também as estrelas.[q] **17** Deus os colocou no firmamento do céu para iluminar a terra, **18** governar o dia e a noite,[r] e separar a luz das trevas. E Deus viu que ficou bom. **19** Passaram-se a tarde e a manhã; esse foi o quarto dia.

20 Disse também Deus: "Encham-se as águas de seres vivos, e voem as aves sobre a terra, sob o firmamento do céu". **21** Assim Deus criou os grandes animais aquáticos e os demais seres vivos que povoam as águas,[s] de acordo com as suas espécies; e todas as aves, de acordo com as suas espécies. E Deus viu que ficou bom. **22** Então Deus os abençoou, dizendo: "Sejam férteis e multipliquem-se! Encham as águas dos mares! E multipliquem-se as aves na terra".[t] **23** Passaram-se a tarde e a manhã; esse foi o quinto dia.

24 E disse Deus: "Produza a terra seres vivos de acordo com as suas espécies: rebanhos domésticos, animais selvagens e os demais seres vivos da terra, cada um de acordo com a sua espécie". E assim foi. **25** Deus fez os animais selvagens[u] de acordo com as suas espécies, os rebanhos domésticos de acordo com as suas espécies, e os demais seres vivos da terra de acordo com as suas espécies. E Deus viu que ficou bom.

26 Então disse Deus: "Façamos[v] o homem à nossa imagem,[w] conforme a nossa semelhança. Domine[x] ele[2] sobre os peixes do mar, sobre as aves do céu, sobre os grandes animais de toda a terra[3] e sobre todos os pequenos animais que se movem rente ao chão".

27 Criou Deus o homem à sua imagem,[y]
à imagem de Deus o criou;
homem e mulher[4z] os criou.

28 Deus os abençoou e lhes disse: "Sejam férteis e multipliquem-se! Encham e subjuguem a terra![a] Dominem sobre os peixes do mar, sobre as aves do céu e sobre todos os animais que se movem pela terra".

---

[1] **1.1-3** Ou *Quando Deus começou a criar os céus e a terra 2sendo a terra ..., 3disse Deus: ...*

[2] **1.26** Hebraico: *Dominem eles.*

[3] **1.26** A Versão Siríaca diz *sobre todos os animais selvagens da terra.*

[4] **1.27** Hebraico: *macho e fêmea.*

²⁹ Disse Deus: "Eis que dou a vocês todas as plantas que nascem em toda a terra e produzem sementes, e todas as árvores que dão frutos com sementes. Elas servirão de alimento*ᵇ* para vocês. ³⁰ E dou todos os vegetais como alimento*ᶜ* a tudo o que tem em si fôlego de vida: a todos os grandes animais da terra¹, a todas as aves do céu e a todas as criaturas que se movem rente ao chão". E assim foi.

³¹ E Deus viu tudo o que havia feito,*ᵈ* e tudo havia ficado muito bom.*ᵉ* Passaram-se a tarde e a manhã; esse foi o sexto dia.

2 Assim foram concluídos os céus e a terra, e tudo o que neles há.

² No sétimo dia Deus já havia concluído a obra*ᶠ* que realizara, e nesse dia descansou. ³ Abençoou Deus o sétimo dia e o santificou,*ᵍ* porque nele descansou de toda a obra que realizara na criação.

A Origem da Humanidade

⁴ Esta é a história das origens² dos céus e da terra, no tempo em que foram criados:

Quando o S{\sc enhor} Deus fez a terra e os céus, ⁵ ainda não tinha brotado nenhum arbusto no campo, e nenhuma planta havia germinado,*ʰ* porque o S{\sc enhor} Deus ainda não tinha feito chover sobre a terra,*ⁱ* e também não havia homem para cultivar o solo. ⁶ Todavia brotava água³ da terra e irrigava toda a superfície do solo. ⁷ Então o S{\sc enhor} Deus formou o homem⁴ do pó da terra*ᵏ* e soprou em suas narinas o fôlego*ˡ* de vida,*ᵐ* e o homem se tornou um ser vivente.*ⁿ*

⁸ Ora, o S{\sc enhor} Deus tinha plantado um jardim no Éden,*ᵒ* para os lados do leste, e ali colocou o homem que formara. ⁹ Então o S{\sc enhor} Deus fez nascer do solo todo tipo de árvores agradáveis aos olhos e boas para alimento. E no meio do jardim estavam a árvore da vida*ᵖ* e a árvore do conhecimento do bem e do mal.*ᑫ*

¹⁰ No Éden nascia um rio que irrigava o jardim, e depois se dividia em quatro. ¹¹ O nome do primeiro é Pisom. Ele percorre toda a terra de Havilá, onde existe ouro. ¹² O ouro daquela terra é excelente; lá também existem o bdélio e a pedra de ônix. ¹³ O segundo, que percorre toda a terra de Cuxe, é o Giom. ¹⁴ O terceiro, que corre pelo lado leste da Assíria, é o Tigre.*ʳ* E o quarto rio é o Eufrates.

¹⁵ O S{\sc enhor} Deus colocou o homem no jardim do Éden para cuidar dele e cultivá-lo. ¹⁶ E o S{\sc enhor} Deus ordenou ao homem: "Coma livremente de qualquer árvore do jardim, ¹⁷ mas não coma da árvore do conhecimento do bem e do mal, porque no dia em que dela comer, certamente você morrerá".*ˢ*

¹⁸ Então o S{\sc enhor} Deus declarou: "Não é bom que o homem esteja só; farei para ele alguém que o auxilie e lhe corresponda".*ᵗ* ¹⁹ Depois que formou da terra todos os animais do campo*ᵘ* e todas as aves do céu, o S{\sc enhor} Deus os trouxe ao homem para ver como este lhes chamaria; e o nome que o homem desse a cada ser vivo,*ᵛ* esse seria o seu nome. ²⁰ Assim o homem deu nomes a todos os rebanhos domésticos, às aves do céu e a todos os animais selvagens. Todavia não se encontrou para o homem⁵ alguém que o auxiliasse e lhe correspondesse.

²¹ Então o S{\sc enhor} Deus fez o homem cair em profundo sono e, enquanto este dormia, tirou-lhe uma das costelas⁶, fechando o lugar com carne. ²² Com a costela*ʷ* que havia tirado do homem, o S{\sc enhor} Deus fez uma mulher e a levou até ele. ²³ Disse então o homem:

"Esta, sim, é osso dos meus ossos
  e carne da minha carne!*ˣ*
Ela será chamada mulher,
  porque do homem⁷ foi tirada".

---

¹ **1.30** Ou *os animais selvagens*
² **2.4** Hebraico: *história da descendência*; a mesma expressão aparece em 5.1; 6.9; 10.1; 11.10, 27; 25.12, 19; 36.1, 9 e 37.2.
³ **2.6** Ou *brotavam fontes*; ou ainda *surgia uma neblina*
⁴ **2.7** Os termos homem e Adão (*adam*) assemelham-se à palavra terra (*adamah*) no hebraico.
⁵ **2.20** Ou *Adão*
⁶ **2.21** Ou *parte de um dos lados do homem*; também no versículo 22.
⁷ **2.23** Os termos homem (*ish*) e mulher (*ishah*) formam um jogo de palavras no hebraico.

²⁴ Por essa razão, o homem deixará pai e mãe e se unirá[y] à sua mulher, e eles se tornarão uma só carne.[z]

²⁵ O homem e sua mulher viviam nus,[a] e não sentiam vergonha.

O Relato da Queda

3 Ora, a serpente[b] era o mais astuto de todos os animais selvagens que o Senhor Deus tinha feito. E ela perguntou à mulher: "Foi isto mesmo que Deus disse: 'Não comam de nenhum fruto das árvores do jardim'?"

² Respondeu a mulher à serpente: "Podemos comer do fruto das árvores do jardim, ³ mas Deus disse: 'Não comam do fruto da árvore que está no meio do jardim, nem toquem nele; do contrário vocês morrerão'".

⁴ Disse a serpente à mulher:[c] "Certamente não morrerão! ⁵ Deus sabe que, no dia em que dele comerem, seus olhos se abrirão, e vocês, como Deus,[1d] serão conhecedores do bem e do mal".

⁶ Quando a mulher viu que a árvore parecia agradável ao paladar, era atraente aos olhos e, além disso, desejável[e] para dela se obter discernimento, tomou do seu fruto, comeu-o e o deu a seu marido, que comeu[2f] também. ⁷ Os olhos dos dois se abriram, e perceberam que estavam nus; então juntaram folhas de figueira para cobrir-se.

⁸ Ouvindo o homem e sua mulher os passos[3] do Senhor Deus, que andava[g] pelo jardim quando soprava a brisa do dia, esconderam-se[h] da presença do Senhor Deus entre as árvores do jardim. ⁹ Mas o Senhor Deus chamou o homem, perguntando: "Onde está você?"

¹⁰ E ele respondeu: "Ouvi teus passos no jardim e fiquei com medo, porque estava nu; por isso me escondi".

¹¹ E Deus perguntou: "Quem disse que você estava nu? Você comeu do fruto da árvore da qual o proibi de comer?"

¹² Disse o homem: "Foi a mulher que me deste por companheira que me deu do fruto da árvore, e eu comi".

¹³ O Senhor Deus perguntou então à mulher: "Que foi que você fez?"

Respondeu a mulher: "A serpente me enganou,[i] e eu comi".

¹⁴ Então o Senhor Deus declarou à serpente:

"Uma vez que você fez isso,
Maldita[j] é você
  entre todos os rebanhos domésticos
  e entre todos os animais selvagens!
Sobre o seu ventre você rastejará,
  e pó[k] comerá todos os dias da sua vida.
¹⁵ Porei inimizade
  entre você e a mulher,
entre a sua descendência[l]
  e o descendente[4] dela;[m]
este ferirá a sua cabeça,[n]
  e você lhe ferirá o calcanhar".

¹⁶ À mulher, ele declarou:

"Multiplicarei grandemente
  o seu sofrimento na gravidez;
com sofrimento você dará à luz filhos.
  Seu desejo será para o seu marido,
e ele[5] a dominará".[o]

¹⁷ E ao homem declarou:

"Visto que você deu ouvidos à sua mulher
  e comeu do fruto da árvore
  da qual ordenei a você
  que não comesse,
maldita[p] é a terra por sua causa;
  com sofrimento você
  se alimentará dela
  todos os dias da sua vida.[q]
¹⁸ Ela lhe dará espinhos e ervas daninhas,
  e você terá que alimentar-se
  das plantas do campo.[r]

---

[1] **3.5** Ou *deuses*

[2] **3.6** Ou *comeu e estava com ela*

[3] **3.8** Ou *a voz*; também no versículo 10.

[4] **3.15** Ou *a descendência*. Hebraico: *semente*.

[5] **3.16** Ou *será contra o seu marido, mas ele*; ou ainda *a impelirá ao seu marido, e ele*

2.24
[y] Ml 2.15
[z] Mt 19.5*; Mc 10.7-8*; Ef 5.31*

2.25
[a] Gn 3.7, 10-11

3.1
[b] 2Co 11.3; Ap 12.9; 20.2

3.4
[c] Jo 8.44; 2Co 11.3

3.5
[d] Is 14.14; Ez 28.2

3.6
[e] Tg 1.14-15; 1Jo 2.16
[f] 1Tm 2.14

3.8
[g] Dt 23.14
[h] Jó 31.33; Sl 139.7-12; Jr 23.24

3.13
[i] 2Co 11.3; 1Tm 2.14

3.14
[j] Dt 28.15-20
[k] Is 65.25; Mq 7.17

3.15
[l] Jo 8.44; At 13.10; 1Jo 3.8
[m] Is 7.14; Mt 1.23; Ap 12.17
[n] Rm 16.20; Hb 2.14

3.16
[o] 1Co 11.3; Ef 5.22

3.17
[p] Gn 5.29; Rm 8.20-22
[q] Jó 5.7; 14.1; Ec 2.23

3.18
[r] Sl 104.14

¹⁹ Com o suor do seu rosto
você comerá o seu pão,
até que volte à terra,
visto que dela foi tirado;
porque você é pó,
e ao pó voltará".*t*

²⁰ Adão deu à sua mulher o nome de Eva, pois ela seria mãe de toda a humanidade. ²¹ O Senhor Deus fez roupas de pele e com elas vestiu Adão e sua mulher.

²² Então disse o Senhor Deus: "Agora o homem se tornou como um de nós, conhecendo o bem e o mal. Não se deve, pois, permitir que ele tome também do fruto da árvore da vida*u* e o coma, e viva para sempre". ²³ Por isso o Senhor Deus o mandou embora do jardim do Éden*v* para cultivar o solo*w* do qual fora tirado. ²⁴ Depois de expulsar o homem, colocou a leste do jardim do Éden querubins*x* e uma espada flamejante*y* que se movia, guardando o caminho para a árvore da vida.*z*

Caim Mata Abel

4 Adão teve relações com Eva, sua mulher, e ela engravidou e deu à luz Caim. Disse ela: "Com o auxílio do Senhor tive um filho homem". ² Voltou a dar à luz, desta vez a Abel,*a* irmão dele.

Abel tornou-se pastor de ovelhas, e Caim, agricultor. ³ Passado algum tempo, Caim trouxe do fruto da terra uma oferta ao Senhor.*b* ⁴ Abel, por sua vez, trouxe as partes gordas*c* das primeiras crias do seu rebanho.*d* O Senhor aceitou com agrado Abel e sua oferta,*e* ⁵ mas não aceitou Caim e sua oferta. Por isso Caim se enfureceu e o seu rosto se transtornou.

⁶ O Senhor disse a Caim: "Por que você está furioso? Por que se transtornou o seu rosto? ⁷ Se você fizer o bem, não será aceito? Mas, se não o fizer, saiba que o pecado o ameaça à porta;*f* ele deseja conquistá-lo, mas você deve dominá-lo".*g*

⁸ Disse, porém, Caim a seu irmão Abel: "Vamos para o campo".¹ Quando estavam lá, Caim atacou seu irmão Abel e o matou.*h*

⁹ Então o Senhor perguntou a Caim: "Onde está seu irmão Abel?"

Respondeu ele: "Não sei; sou eu o responsável por meu irmão?"

¹⁰ Disse o Senhor: "O que foi que você fez? Escute! Da terra o sangue do seu irmão está clamando. *i*¹¹ Agora amaldiçoado é você pela terra², que abriu a boca para receber da sua mão o sangue do seu irmão. ¹² Quando você cultivar a terra, esta não lhe dará mais da sua força. Você será um fugitivo errante pelo mundo".

¹³ Disse Caim ao Senhor: "Meu castigo é maior do que posso suportar. ¹⁴ Hoje me expulsas desta terra, e terei que me esconder da tua face;*j* serei um fugitivo errante pelo mundo, e qualquer que me encontrar me matará".*k*

¹⁵ Mas o Senhor lhe respondeu: "Não será assim³; se alguém matar Caim,*l* sofrerá sete vezes a vingança".*m* E o Senhor colocou em Caim um sinal, para que ninguém que viesse a encontrá-lo o matasse. ¹⁶ Então Caim afastou-se da presença do Senhor e foi viver na terra de Node⁴, a leste do Éden.*n*

Os Descendentes de Caim

¹⁷ Caim teve relações com sua mulher, e ela engravidou e deu à luz Enoque. Depois Caim fundou uma cidade, à qual deu o nome do seu filho*o* Enoque. ¹⁸ A Enoque nasceu Irade, Irade gerou a Meujael, Meujael a Metusael, e Metusael a Lameque.

¹⁹ Lameque tomou duas mulheres: uma chamava-se Ada; a outra, Zilá. ²⁰ Ada deu à luz Jabal, que foi o pai daqueles que moram em tendas e criam rebanhos. ²¹ O nome do irmão dele era Jubal, que foi o pai de todos os que tocam harpa e flauta. ²² Zilá também deu à luz um filho, chamado Tubalcaim, que fabricava todo tipo de ferramentas de

---

¹ **4.8** Conforme o Pentateuco Samaritano, a Septuaginta, a Vulgata e a Versão Siríaca. O Texto Massorético não traz *"Vamos para o campo"*.

² **4.11** Ou *amaldiçoado é você e expulso da terra*; ou ainda *amaldiçoado é você mais do que a terra*

³ **4.15** Conforme a Septuaginta, a Vulgata e a Versão Siríaca.

⁴ **4.16** *Node* significa *peregrinação*.

3.19
s 2Ts 3.10
t Gn 2.7; Sl 104.29; Ec 12.7

3.22
u Ap 22.14

3.23
v Gn 2.8
w Gn 4.2

3.24
x Ex 25.18-22
y Sl 104.4
z Gn 2.9

4.2
a Lc 11.51

4.3
b Nm 18.12

4.4
c Lv 3.16
d Ex 13.2, 12
e Hb 11.4

4.7
f Nm 32.23
g Rm 6.16

4.8
h Mt 23.35; 1Jo 3.12

4.10
i Gn 9.5; Nm 35.33; Hb 12.24; Ap 6.9-10

4.14
j 2Rs 17.18; Sl 51.11; 139.7-12; Jr 7.15; 52.3
k Gn 9.6; Nm 35.19, 21, 27, 33

4.15
l Ez 9.4, 6
m v. 24; Sl 79.12

4.16
n Gn 2.8

4.17
o Sl 49.11

bronze e de ferro¹. Tubalcaim teve uma irmã chamada Naamá.

²³ Disse Lameque às suas mulheres:

"Ada e Zilá, ouçam-me;
mulheres de Lameque,
    escutem minhas palavras:
Eu matei[p] um homem porque me feriu,
e um menino, porque me machucou.
²⁴ Se Caim é vingado[q] sete vezes,[r]
    Lameque o será setenta e sete".

O Nascimento de Sete

²⁵ Novamente Adão teve relações com sua mulher, e ela deu à luz outro filho, a quem chamou Sete,[s] dizendo: "Deus me concedeu um filho no lugar de Abel, visto que Caim o matou".[t] ²⁶ Também a Sete nasceu um filho, a quem deu o nome de Enos. Nessa época começou-se a invocar² o nome do SENHOR.[u]

A Descendência de Adão

5 Este é o registro da descendência de Adão:

Quando Deus criou o homem, à semelhança de Deus[v] o fez; ² homem e mulher[w] os criou. Quando foram criados, ele os abençoou e os chamou Homem³.

³ Aos 130 anos, Adão gerou um filho à sua semelhança, conforme a sua imagem;[x] e deu-lhe o nome de Sete. ⁴ Depois que gerou Sete, Adão viveu 800 anos e gerou outros filhos e filhas. ⁵ Viveu ao todo 930 anos e morreu.[y]

⁶ Aos 105 anos, Sete gerou⁴ Enos. ⁷ Depois que gerou Enos, Sete viveu 807 anos e gerou outros filhos e filhas. ⁸ Viveu ao todo 912 anos e morreu.

⁹ Aos 90 anos, Enos gerou Cainã. ¹⁰ Depois que gerou Cainã, Enos viveu 815 anos e gerou outros filhos e filhas. ¹¹ Viveu ao todo 905 anos e morreu.

¹ **4.22** Ou *que ensinou todos os que trabalham o bronze e o ferro*
² **4.26** Ou *proclamar*
³ **5.2** Hebraico: *Adam*.
⁴ **5.6** *Gerar* pode ter o sentido de *ser ancestral*; também nos versículos 7-26.

¹² Aos 70 anos, Cainã gerou Maalaleel. ¹³ Depois que gerou Maalaleel, Cainã viveu 840 anos e gerou outros filhos e filhas. ¹⁴ Viveu ao todo 910 anos e morreu.

¹⁵ Aos 65 anos, Maalaleel gerou Jarede. ¹⁶ Depois que gerou Jarede, Maalaleel viveu 830 anos e gerou outros filhos e filhas. ¹⁷ Viveu ao todo 895 anos e morreu.

¹⁸ Aos 162 anos, Jarede gerou Enoque.[z] ¹⁹ Depois que gerou Enoque, Jarede viveu 800 anos e gerou outros filhos e filhas. ²⁰ Viveu ao todo 962 anos e morreu.

²¹ Aos 65 anos, Enoque gerou Matusalém. ²² Depois que gerou Matusalém, Enoque andou com Deus[a] 300 anos e gerou outros filhos e filhas. ²³ Viveu ao todo 365 anos. ²⁴ Enoque andou com Deus;[b] e já não foi encontrado, pois Deus o havia arrebatado.[c]

²⁵ Aos 187 anos, Matusalém gerou Lameque. ²⁶ Depois que gerou Lameque, Matusalém viveu 782 anos e gerou outros filhos e filhas. ²⁷ Viveu ao todo 969 anos e morreu.

²⁸ Aos 182 anos, Lameque gerou um filho. ²⁹ Deu-lhe o nome de Noé e disse: "Ele nos aliviará do nosso trabalho e do sofrimento de nossas mãos, causados pela terra que o SENHOR amaldiçoou".[d] ³⁰ Depois que Noé nasceu, Lameque viveu 595 anos e gerou outros filhos e filhas. ³¹ Viveu ao todo 777 anos e morreu.

³² Aos 500 anos, Noé tinha gerado Sem, Cam e Jafé.

A Corrupção da Humanidade

6 Quando os homens começaram a multiplicar-se na terra[e] e lhes nasceram filhas, ² os filhos de Deus viram que as filhas dos homens eram bonitas, e escolheram para si aquelas que lhes agradaram. ³ Então disse o SENHOR: "Por causa da perversidade do homem⁵, meu Espírito⁶ não contenderá com ele⁷ para sempre;[fg] ele só viverá cento e vinte anos".

⁵ **6.3** Ou *Por ser o homem mortal*
⁶ **6.3** Ou *o espírito que lhe dei*
⁷ **6.3** Ou *não permanecerá nele*

4.23
[p] Ex 20.13; Lv 19.18
4.24
[q] Dt 32.35
[r] v. 15
4.25
[s] Gn 5.3
[t] v. 8
4.26
[u] Gn 12.8; 1Rs 18.24; Sl 116.17; Jl 2.32; Sf 3.9; At 2.21; 1Co 1.2
5.1
[v] Gn 1.27; Ef 4.24; Cl 3.10
5.2
[w] Gn 1.27; Mt 19.4; Mc 10.6; Gl 3.28
5.3
[x] Gn 1.26; 1Co 15.49
5.5
[y] Gn 3.19
5.18
[z] Jd 1.14
5.22
[a] v. 24; Gn 6.9; 17.1; 48.15; Mq 6.8; Ml 2.6
5.24
[b] v. 22
[c] 2Rs 2.1, 11; Hb 11.5
5.29
[d] Gn 3.17; Rm 8.20
6.1
[e] Gn 1.28
6.3
[f] Is 57.16
[g] Sl 78.39

⁴ Naqueles dias, havia nefilins¹ʰ na terra, e também posteriormente, quando os filhos de Deus possuíram as filhas dos homens e elas lhes deram filhos. Eles foram os heróis do passado, homens famosos.

⁵ O SENHOR viu que a perversidade do homem tinha aumentado na terra e que toda a inclinação dos pensamentos do seu coração era sempre e somente para o mal.ⁱ ⁶ Então o SENHOR arrependeu-seʲ de ter feito o homem sobre a terra, e isso cortou-lhe o coração. ⁷ Disse o SENHOR: "Farei desaparecer da face da terra o homem que criei, os homens e também os animais, grandes e pequenos, e as aves do céu. Arrependo-me de havê-los feito".

⁸ A Noé, porém, o SENHORᵏ mostrou benevolência.

A Arca de Noé

⁹ Esta é a história da família de Noé:

Noé era homem justo, íntegro entre o povo da sua época;ˡ ele andava com Deus.ᵐ ¹⁰ Noé gerou três filhos: Sem, Cam e Jafé.ⁿ

¹¹ Ora, a terra estava corrompida aos olhos de Deus e cheia de violência.ᵒ ¹² Ao ver como a terra se corrompera, pois toda a humanidade havia corrompido a sua conduta,ᵖ ¹³ Deus disse a Noé: "Darei fim a todos os seres humanos, porque a terra encheu-se de violência por causa deles. Eu os destruirei com a terra.ᑫ ¹⁴ Você, porém, fará uma arca de madeiraʳ de cipreste²; divida-a em compartimentos e revista-a de piche por dentro e por fora. ¹⁵ Faça-a com cento e trinta e cinco metros de comprimento, vinte e dois metros e meio de largura e treze metros e meio de altura³. ¹⁶ Faça-lhe um teto com um vão de quarenta e cinco centímetros⁴ entre o teto e o corpo da arca. Coloque uma porta lateral na arca e faça um andar superior, um médio e um inferior.

¹⁷ "Eis que vou trazer águas sobre a terra, o Dilúvio, para destruir debaixo do céu toda criatura que tem fôlego de vida. Tudo o que há na terra perecerá.ᵗ ¹⁸ Mas com você ᵘ estabelecerei a minha aliança, e você entrará na arca ᵛ com seus filhos, sua mulher e as mulheres de seus filhos. ¹⁹ Faça entrar na arca um casal de cada um dos seres vivos, macho e fêmea, para conservá-los vivos com você. ²⁰ De cada espécie de ave, de cada espécie de animal grande e de cada espécie de animal pequeno que se move rente ao chão virá um casalʷ a você para que sejam conservados vivos. ²¹ E armazene todo tipo de alimento, para que você e eles tenham mantimento".

²² Noé fez tudo exatamente como Deus lhe tinha ordenado.ˣ

7 Então o SENHOR disse a Noé: "Entre na arca, você e toda a sua família,ʸ porque você é o único justoᶻ que encontrei nesta geração. ² Leve com você sete casais de cada espécie de animal puro,ᵃ macho e fêmea, e um casal de cada espécie de animal impuro, macho e fêmea, ³ e leve também sete casais de aves de cada espécie, macho e fêmea, a fim de preservá-los em toda a terra. ⁴ Daqui a sete dias farei chover sobre a terra quarenta dias e quarenta noites, e farei desaparecer da face da terra todos os seres vivos que fiz".

⁵ E Noé fez tudo como o SENHOR lhe tinha ordenado.ᵇ

O Dilúvio

⁶ Noé tinha seiscentos anos de idade quando as águas do Dilúvio vieram sobre a terra. ⁷ Noé, seus filhos, sua mulher e as mulheres de seus filhos entraram na arca, por causa das águas do Dilúvio. ⁸ Casais de animais grandes, puros e impuros, de aves e de todos os animais pequenos que se movem rente ao chão ⁹ vieram a Noé e entraram na arca, como Deus tinha ordenado a Noé. ¹⁰ E, depois dos sete dias, as águas do Dilúvio vieram sobre a terra.

---

¹ **6.4** Possivelmente *gigantes* ou *homens poderosos*. Veja também Nm 13.33.

² **6.14** Ou *de cipreste e de juncos*

³ **6.15** Hebraico: *300 côvados de comprimento, 50 côvados de largura e 30 côvados de altura*. O côvado era uma medida linear de cerca de 45 centímetros.

⁴ **6.16** Ou *Faça-lhe uma abertura para a luz no topo, de 45 centímetros*.

¹¹ No dia em que Noé completou seiscentos anos, um mês e dezessete dias, nesse mesmo dia todas as fontes das grandes profundezas^c jorraram, e as comportas do céu^d se abriram. ¹² E a chuva caiu sobre a terra quarenta dias e quarenta noites.^{e}

¹³ Naquele mesmo dia, Noé e seus filhos, Sem, Cam e Jafé, com sua mulher e com as mulheres de seus três filhos, entraram na arca. ¹⁴ Com eles entraram todos os animais de acordo com as suas espécies: todos os animais selvagens, todos os rebanhos domésticos, todos os demais seres vivos que se movem rente ao chão e todas as criaturas que têm asas: todas as aves e todos os outros animais que voam. ¹⁵ Casais de todas as criaturas que tinham fôlego de vida vieram a Noé e entraram na arca.^{f} ¹⁶ Os animais que entraram foram um macho e uma fêmea de cada ser vivo, conforme Deus ordenara a Noé. Então o SENHOR fechou a porta.

¹⁷ Quarenta dias^g durou o Dilúvio, e as águas aumentaram e elevaram a arca acima da terra. ¹⁸ As águas prevaleceram, aumentando muito sobre a terra, e a arca flutuava na superfície das águas. ¹⁹ As águas dominavam cada vez mais a terra, e foram cobertas^h todas as altas montanhas debaixo do céu. ²⁰ As águas subiram até quase sete metros^i acima das montanhas. ²¹ Todos os seres vivos que se movem sobre a terra pereceram: aves, rebanhos domésticos, animais selvagens, todas as pequenas criaturas que povoam a terra e toda a humanidade.^{j} ²² Tudo o que havia em terra seca e tinha nas narinas o fôlego de vida^j morreu. ²³ Todos os seres vivos foram exterminados da face da terra; tanto os homens como os animais grandes, os animais pequenos que se movem rente ao chão e as aves do céu foram exterminados da terra.^{k} Só restaram Noé e aqueles que com ele estavam na arca.^{l}

²⁴ E as águas prevaleceram sobre a terra cento e cinquenta dias.^{m}

---

^{l} **7.20** Hebraico: *15 côvados*. O côvado era uma medida linear de cerca de 45 centímetros.

O Fim do Dilúvio

8 Então Deus lembrou-se^n de Noé e de todos os animais selvagens e rebanhos domésticos que estavam com ele na arca, e enviou um vento sobre a terra,^{o} e as águas começaram a baixar.

² As fontes das profundezas e as comportas do céu^p se fecharam, e a chuva parou. ³ As águas foram baixando pouco a pouco sobre a terra. Ao fim de cento e cinquenta dias, as águas tinham diminuído, ⁴ e, no décimo sétimo dia do sétimo mês, a arca pousou nas montanhas de Ararate. ⁵ As águas continuaram a baixar até o décimo mês, e no primeiro dia do décimo mês apareceram os topos das montanhas.

⁶ Passados quarenta dias, Noé abriu a janela que fizera na arca. ⁷ Esperando que a terra já tivesse aparecido, Noé soltou um corvo, mas este ficou dando voltas. ⁸ Depois soltou uma pomba para ver se as águas tinham diminuído na superfície da terra. ⁹ Mas a pomba não encontrou lugar onde pousar os pés porque as águas ainda cobriam toda a superfície da terra e, por isso, voltou para a arca, a Noé. Ele estendeu a mão para fora, apanhou a pomba e a trouxe de volta para dentro da arca. ¹⁰ Noé esperou mais sete dias e soltou novamente a pomba. ¹¹ Quando voltou ao entardecer, a pomba trouxe em seu bico uma folha nova de oliveira. Noé então ficou sabendo que as águas tinham diminuído sobre a terra. ¹² Esperou ainda outros sete dias e de novo soltou a pomba, mas dessa vez ela não voltou.

¹³ No primeiro dia do primeiro mês do ano seiscentos e um da vida de Noé, secaram-se as águas na terra. Noé então removeu o teto da arca e viu que a superfície da terra estava seca. ¹⁴ No vigésimo sétimo dia do segundo mês, a terra estava completamente seca.

¹⁵ Então Deus disse a Noé: ¹⁶ "Saia da arca, você e sua mulher, seus filhos e as mulheres deles.^{q} ¹⁷ Faça que saiam também todos os animais que estão com você: as aves, os grandes animais e os pequenos que se movem rente ao chão. Faça-os sair para que se espalhem pela terra, sejam férteis e se multipliquem".^{r}

7.11
^{c}Ez 26.19
^{d}Gn 8.2

7.12
^{e}v. 4

7.15
^{f}Gn 6.19

7.17
^{g}v. 4

7.19
^{h}Sl 104.6

7.21
^{i}Gn 6.7, 13

7.22
^{j}Gn 1.30

7.23
^{k}Mt 24.39; Lc 17.27; 1Pe 3.20; 2Pe 2.5; Hb 11.7

7.24
^{m}Gn 8.3

8.1
^{n}Gn 9.15; 19.29; Ex 2.24; 1Sm 1.11, 19
^{o}Ex 14.21

8.2
^{p}Gn 7.11

8.16
^{q}Gn 7.13

8.17
^{r}Gn 1.22

18 Então Noé saiu da arca com sua mulher e seus filhos e as mulheres deles, **19** e com todos os grandes animais e os pequenos que se movem rente ao chão e todas as aves. Tudo o que se move sobre a terra saiu da arca, uma espécie após outra.

20 Depois Noé construiu um altar dedicado ao Senhor e, tomando alguns animais e aves puros,[t] ofereceu-os como holocausto[1u], queimando-os sobre o altar. **21** O Senhor sentiu o aroma[v] agradável e disse a si mesmo: "Nunca mais amaldiçoarei a terra[w] por causa do homem, pois o seu coração é inteiramente inclinado para o mal desde a infância[x]. E nunca mais destruirei todos os seres vivos[2y] como fiz desta vez.

22 "Enquanto durar a terra,
plantio e colheita,
frio e calor,
verão e inverno,
dia e noite
jamais cessarão".[z]

A Aliança de Deus com Noé

9 Deus abençoou Noé e seus filhos, dizendo-lhes: "Sejam férteis, multipliquem-se e encham a terra.[a] **2** Todos os animais da terra tremerão de medo diante de vocês: os animais selvagens, as aves do céu, as criaturas que se movem rente ao chão e os peixes do mar; eles estão entregues em suas mãos. **3** Tudo o que vive e se move servirá de alimento para vocês.[b] Assim como dei a vocês os vegetais, agora dou todas as coisas.

4 "Mas não comam carne com sangue, que é vida.[c] **5** A todo aquele que derramar sangue, tanto homem como animal,[d] pedirei contas; a cada um pedirei contas da vida do seu próximo.[e]

6 "Quem derramar sangue do homem,
pelo homem seu sangue será
derramado;[f]
porque à imagem de Deus[g]
foi o homem criado.

7 "Mas vocês sejam férteis e multipliquem-se; espalhem-se pela terra e proliferem nela".[h]

8 Então disse Deus a Noé e a seus filhos, que estavam com ele: **9** "Vou estabelecer a minha aliança com vocês[i] e com os seus futuros descendentes, **10** e com todo ser vivo que está com vocês: as aves, os rebanhos domésticos e os animais selvagens, todos os que saíram da arca com vocês, todos os seres vivos da terra. **11** Estabeleço uma aliança com vocês:[j] Nunca mais será ceifada nenhuma forma de vida pelas águas de um dilúvio; nunca mais haverá dilúvio para destruir a terra".[k]

12 E Deus prosseguiu: "Este é o sinal da aliança[l] que estou fazendo entre mim e vocês e com todos os seres vivos que estão com vocês, para todas as gerações futuras: **13** o meu arco que coloquei nas nuvens. Será o sinal da minha aliança com a terra. **14** Quando eu trouxer nuvens sobre a terra e nelas aparecer o arco-íris, **15** então me lembrarei da minha aliança[m] com vocês e com os seres vivos de todas as espécies[4]. Nunca mais as águas se tornarão um dilúvio para destruir toda forma de vida[5]. **16** Toda vez que o arco-íris estiver nas nuvens, olharei para ele e me lembrarei da aliança[n] eterna entre Deus e todos os seres vivos de todas as espécies que vivem na terra".

17 Concluindo, disse Deus a Noé: "Esse é o sinal da aliança[o] que estabeleci entre mim e toda forma de vida que há sobre a terra".

Os Filhos de Noé

18 Os filhos de Noé que saíram da arca foram Sem, Cam e Jafé. Cam é o pai de Canaã.[p] **19** Esses foram os três filhos de Noé; a partir deles toda a terra foi povoada.[q]

20 Noé, que era agricultor, foi o primeiro a plantar uma vinha. **21** Bebeu do vinho, embriagou-se e ficou nu dentro da sua tenda.

---

[3] **9.7** Possivelmente *e a dominem*
[4] **9.15** Hebraico: *de toda carne*; também no versículo 16.
[5] **9.15** Hebraico: *toda carne*; também no versículo 17.

---

[1] **8.20** Isto é, sacrifício totalmente queimado.
[2] **8.21** Ou *toda a raça humana*

²² Cam, pai de Canaã, viu a nudez do pai e foi contar aos dois irmãos que estavam do lado de fora. ²³ Mas Sem e Jafé pegaram a capa, levantaram-na sobre os ombros e, andando de costas para não verem a nudez do pai, cobriram-no.

²⁴ Quando Noé acordou do efeito do vinho e descobriu o que seu filho caçula lhe havia feito, ²⁵ disse:

"Maldito seja Canaã!*ʳ*
Escravo de escravos
   será para os seus irmãos".

²⁶ Disse ainda:

"Bendito seja o Senhor,
   o Deus de Sem!
E seja Canaã seu escravo.
²⁷ Amplie Deus o território de Jafé;
habite ele nas tendas de Sem,
e seja Canaã seu escravo".

²⁸ Depois do Dilúvio Noé viveu trezentos e cinquenta anos. ²⁹ Viveu ao todo novecentos e cinquenta anos e morreu.

A Origem dos Povos

10 Este é o registro*ᵗ* da descendência de Sem, Cam e Jafé, filhos de Noé. Os filhos deles nasceram depois do Dilúvio.

Os Jafetitas

² Estes foram os filhos¹ de Jafé:
   Gômer,*ᵘ* Magogue,*ᵛ* Madai, Javã,
      Tubal,*ʷ*
   Meseque e Tirás.
³ Estes foram os filhos de Gômer:
   Asquenaz,*ˣ* Rifate e Togarma.*ʸ*
⁴ Estes foram os filhos de Javã:
   Elisá, Társis,*ᶻ* Quitim e Rodanim².
⁵ Deles procedem os povos marítimos, os quais se separaram em seu território, conforme a sua língua, cada um segundo os clãs de suas nações.

Os Camitas

⁶ Estes foram os filhos de Cam:
   Cuxe, Mizraim³, Fute e Canaã.*ᵃ*
⁷ Estes foram os filhos de Cuxe:
   Sebá, Havilá, Sabtá, Raamá e Sabtecá.
   Estes foram os filhos de Raamá:
   Sabá e Dedã.

⁸ Cuxe gerou⁴ também Ninrode, o primeiro homem poderoso na terra. ⁹ Ele foi o mais valente dos caçadores⁵, e por isso se diz: "Valente como Ninrode". ¹⁰ No início o seu reino abrangia Babel,*ᵇ* Ereque, Acade e Calné⁶, na terra de Sinear⁷.*ᶜ* ¹¹ Dessa terra ele partiu para a Assíria,*ᵈ* onde fundou Nínive,*ᵉ* Reobote-Ir⁸, Calá ¹² e Resém, que fica entre Nínive e Calá, a grande cidade.

¹³ Mizraim gerou os luditas, os anamitas, os leabitas, os naftuítas, ¹⁴ os patrusitas, os casluítas, dos quais se originaram os filisteus,*ᶠ* e os caftoritas.

¹⁵ Canaã*ᵍ* gerou Sidom,*ʰ* seu filho mais velho, e Hete⁹,*ⁱ* ¹⁶ como também os jebuseus,*ʲ* os amorreus, os girgaseus, ¹⁷ os heveus, os arqueus, os sineus, ¹⁸ os arvadeus, os zemareus e os hamateus.

Posteriormente, os clãs cananeus*ᵏ* se espalharam. ¹⁹ As fronteiras de Canaã*ˡ* estendiam-se desde Sidom,*ᵐ* iam até Gerar, e chegavam a Gaza e, de lá, prosseguiam até Sodoma, Gomorra, Admá e Zeboim, chegando até Lasa.

²⁰ São esses os descendentes de Cam, conforme seus clãs e línguas, em seus territórios e nações.

Os Semitas

²¹ Sem, irmão mais velho de Jafé¹⁰, também gerou filhos. Sem foi o antepassado de todos os filhos de Héber.*ⁿ*

---

³ **10.6** Isto é, Egito; também no versículo 13.
⁴ **10.8** *Gerar* pode ter o sentido de *ser ancestral* ou *predecessor*; também nos versículos 13, 15, 24 e 26.
⁵ **10.9** Hebraico: *valente caçador diante do Senhor*.
⁶ **10.10** Ou *e todos eles*
⁷ **10.10** Isto é, Babilônia.
⁸ **10.11** Ou *Nínive com as praças da cidade*
⁹ **10.15** Ou *os sidônios, os primeiros, e os hititas*
¹⁰ **10.21** Ou *Sem, cujo irmão mais velho era Jafé*

¹ **10.2** *Filhos* pode significar *descendentes* ou *sucessores* ou *nações*; também nos versículos 3, 4, 6, 7, 20-23 e 29.
² **10.4** Alguns manuscritos dizem *Dodanim*.

²² Estes foram os filhos de Sem:
Elão, Assur, Arfaxade, Lude e Arã.
²³ Estes foram os filhos de Arã:
Uz, Hul, Géter e Meseque¹.
²⁴ Arfaxade gerou Salá², e este gerou Héber.
²⁵ A Héber nasceram dois filhos:

um deles se chamou Pelegue, porque em sua época a terra foi dividida; seu irmão chamou-se Joctã.

²⁶ Joctã gerou Almodá, Salefe, Hazarmavé, Jerá, ²⁷ Adorão, Uzal, Dicla, ²⁸ Obal, Abimael, Sabá, ²⁹ Ofir, Havilá e Jobabe. Todos esses foram filhos de Joctã.

³⁰ A região onde viviam estendia-se de Messa até Sefar, nas colinas ao leste.

³¹ São esses os descendentes de Sem, conforme seus clãs e línguas, em seus territórios e nações.

³² São esses os clãs dos filhos de Noé, distribuídos em suas nações, conforme a história da sua descendência. A partir deles, os povos se dispersaram pela terra, depois do Dilúvio.

A Torre de Babel

11 No mundo todo havia apenas uma língua, um só modo de falar.

² Saindo os homens do³ Oriente, encontraram uma planície em Sinear e ali se fixaram.

³ Disseram uns aos outros: "Vamos fazer tijolos e queimá-los bem". Usavam tijolos em lugar de pedras, e piche em vez de argamassa. ⁴ Depois disseram: "Vamos construir uma cidade, com uma torre que alcance os céus. Assim nosso nome será famoso e não seremos espalhados pela face da terra".

⁵ O Senhor desceu para ver a cidade e a torre que os homens estavam construindo. ⁶ E disse o Senhor: "Eles são um só povo e falam uma só língua, e começaram a construir isso. Em breve nada poderá impedir o que planejam fazer. ⁷ Venham, desçamos e confundamos a língua que falam, para que não entendam mais uns aos outros".

⁸ Assim o Senhor os dispersou dali por toda a terra, e pararam de construir a cidade. ⁹ Por isso foi chamada Babel⁴, porque ali o Senhor confundiu a língua de todo o mundo. Dali o Senhor os espalhou por toda a terra.

A Descendência de Sem

¹⁰ Este é o registro da descendência de Sem:

Dois anos depois do Dilúvio, aos 100 anos de idade, Sem gerou⁵ Arfaxade. ¹¹ E depois de ter gerado Arfaxade, Sem viveu 500 anos e gerou outros filhos e filhas.

¹² Aos 35 anos, Arfaxade gerou Salá.
¹³ Depois que gerou Salá, Arfaxade viveu 403 anos e gerou outros filhos e filhas.⁶
¹⁴ Aos 30 anos, Salá gerou Héber. ¹⁵ Depois que gerou Héber, Salá viveu 403 anos e gerou outros filhos e filhas.
¹⁶ Aos 34 anos, Héber gerou Pelegue.
¹⁷ Depois que gerou Pelegue, Héber viveu 430 anos e gerou outros filhos e filhas.
¹⁸ Aos 30 anos, Pelegue gerou Reú. ¹⁹ Depois que gerou Reú, Pelegue viveu 209 anos e gerou outros filhos e filhas.
²⁰ Aos 32 anos, Reú gerou Serugue.
²¹ Depois que gerou Serugue, Reú viveu 207 anos e gerou outros filhos e filhas.
²² Aos 30 anos, Serugue gerou Naor.
²³ Depois que gerou Naor, Serugue viveu 200 anos e gerou outros filhos e filhas.
²⁴ Aos 29 anos, Naor gerou Terá. ²⁵ Depois que gerou Terá, Naor viveu 119 anos e gerou outros filhos e filhas.
²⁶ Aos 70 anos, Terá havia gerado Abrão, Naor e Harã.

---

⁴ **11.9** Isto é, Babilônia.
⁵ **11.10** *Gerar* pode ter o sentido de *ser ancestral* ou *predecessor*; também nos versículos 11-25.
⁶ **11.12,13** A Septuaginta diz *Aos 35 anos, Arfaxade gerou Cainã.* ¹³*Depois que gerou Cainã, Arfaxade viveu 430 anos e gerou outros filhos e filhas, e então morreu. Aos 130 anos, Cainã gerou Salá. Depois que gerou Salá, Cainã viveu 330 anos e gerou outros filhos e filhas.* Veja Gn 10.24 e Lc 3.35,36.

---

¹ **10.23** Alguns manuscritos dizem *Más*.
² **10.24** A Septuaginta diz *gerou Cainã, e Cainã gerou Salá.*
³ **11.2** Ou *para o Oriente*

²⁷ Esta é a história da família de Terá: Terá gerou Abrão, Naor e Harã. E Harã gerou Ló.ᵏ ²⁸ Harã morreu em Ur dos caldeus,ˡ sua terra natal, quando ainda vivia Terá, seu pai. ²⁹ Tanto Abrão como Naor casaram-se. O nome da mulher de Abrão era Sarai,ᵐ e o nome da mulher de Naor era Milca;ⁿ esta era filha de Harã, pai de Milca e de Iscá. ³⁰ Ora, Sarai era estéril; não tinha filhos.ᵒ

³¹ Terá tomou seu filho Abrão, seu neto Ló, filho de Harã, e sua nora Sarai, mulher de seu filho Abrão, e juntos partiram de Ur dos caldeusᵖ para Canaã.ᵠ Mas, ao chegarem a Harã, estabeleceram-se ali.

³² Terá viveu 205 anos e morreu em Harã.

O Chamado de Abrão

12 Então o SENHOR disse a Abrão: "Saia da sua terra, do meio dos seus parentes e da casa de seu pai, e vá para a terra que eu lhe mostrarei.ʳ

² "Farei de você um grande povo,ˢ
e o abençoarei.ᵗ
Tornarei famoso o seu nome,
e você será uma bênção.

³ Abençoarei os que o abençoarem
e amaldiçoarei os que o amaldiçoarem;ᵘ
e por meio de você
todos os povos da terra
serão abençoados".

⁴ Partiu Abrão, como lhe ordenara o SENHOR, e Ló foi com ele. Abrão tinha setenta e cinco anos quando saiu de Harã.ʷ ⁵ Levou sua mulher Sarai, seu sobrinho Ló, todos os bens que haviam acumulado e os seus servos,ˣ comprados em Harã; partiram para a terra de Canaã e lá chegaram. ⁶ Abrão atravessou a terraʸ até o lugar do carvalho de Moré,ᶻ em Siquém. Naquela época, os cananeusᵃ habitavam essa terra. ⁷ O SENHOR apareceu a Abrão e disse:ᵇ "À sua descendência darei esta terra".ᶜ Abrão construiu ali um altar dedicado ao SENHOR,ᵈ que lhe havia aparecido. ⁸ Dali prosseguiu em direção às colinas a leste de Betel,ᵈ onde armou acampamento, tendo Betel a oeste e Ai a leste. Construiu ali um altar dedicado ao SENHOR e invocou o nome do SENHOR. ⁹ Depois Abrão partiu e prosseguiu em direção ao Neguebe.ᶠ

Abrão no Egito

¹⁰ Houve fome naquela terra, e Abrão desceu ao Egito para ali viver algum tempo, pois a fome era rigorosa. ¹¹ Quando estava chegando ao Egito, disse a Sarai, sua mulher: "Bem sei que você é bonita. ¹² Quando os egípcios a virem, dirão: 'Esta é a mulher dele'. E me matarão, mas deixarão você viva. ¹³ Diga que é minha irmã,ᵍ para que me tratem bem por amor a você e minha vida seja poupada por sua causa".

¹⁴ Quando Abrão chegou ao Egito, viram os egípcios que Sarai era uma mulher muito bonita. ¹⁵ Vendo-a, os homens da corte do faraó a elogiaram diante do faraó, e ela foi levada ao seu palácio. ¹⁶ Ele tratou bem a Abrão por causa dela, e Abrão recebeu ovelhas e bois, jumentos e jumentas, servos e servas, e camelos.

¹⁷ Mas o SENHOR puniu o faraó e sua corteʰ com graves doenças, por causa de Sarai, mulher de Abrão. ¹⁸ Por isso o faraó mandou chamar Abrão e disse: "O que você fez comigo?ⁱ Por que não me falou que ela era sua mulher? ¹⁹ Por que disse que era sua irmã? Foi por isso que eu a tomei para ser minha mulher. Aí está a sua mulher. Tome-a e vá!" ²⁰ A seguir o faraó deu ordens para que providenciassem o necessário para que Abrão partisse com sua mulher e com tudo o que possuía.

A Desavença entre Abrão e Ló

13 Saiu, pois, Abrão do Egito e foi para o Neguebe,ʲ com sua mulher e com tudo o que possuía, e Ló foi com ele. ² Abrão tinha enriquecido muito, tanto em gado como em prata e ouro.

³ Ele partiu do Neguebe em direção a Betel,ᵏ indo de um lugar a outro, até que chegou ao lugar entre Betel e Ai onde já havia armado

acampamento anteriormente ⁴ e onde, pela primeira vez, tinha construído um altar.ˡ Ali Abrão invocou o nome do Senhor.

⁵ Ló, que acompanhava Abrão, também possuía rebanhos e tendas. ⁶ E não podiam morar os dois juntosᵐ na mesma região, porque possuíam tantos bens que a terra não podia sustentá-los. ⁷ Por isso surgiu uma desavençaⁿ entre os pastores dos rebanhos de Abrão e os de Ló. Nessa época os cananeus e os ferezeus habitavam aquela terra.ᵒ

⁸ Então Abrão disse a Ló: "Não haja desavença entre mim e você,ᵖ ou entre os seus pastores e os meus; afinal somos irmãos!ᵠ ⁹ Aí está a terra inteira diante de você. Vamos separar-nos. Se você for para a esquerda, irei para a direita; se for para a direita, irei para a esquerda".

¹⁰ Olhou então Ló e viu todo o vale do Jordão, todo ele bem irrigado, até Zoar; era como o jardim do Senhor,ʳ como a terra do Egito.ˢ Isto se deu antes de o Senhor destruir Sodoma e Gomorra.ᵗ ¹¹ Ló escolheu todo o vale do Jordão e partiu em direção ao leste. Assim os dois se separaram: ¹² Abrão ficou na terra de Canaã, mas Ló mudou seu acampamento para um lugar próximo a Sodomaᵘ, entre as cidades do vale.ᵛ ¹³ Ora, os homens de Sodoma eram extremamente perversos e pecadores contra o Senhor.ʷ

A Promessa de Deus a Abrão

¹⁴ Disse o Senhor a Abrão, depois que Ló separou-se dele: "De onde você está, olhe para o norte, para o sul, para o leste e para o oeste:ˣ ¹⁵ toda a terra que você está vendo darei a você e à sua descendência para sempre.ʸ ¹⁶ Tornarei a sua descendência tão numerosa como o pó da terra. Se for possível contar o pó da terra,ᶻ também se poderá contar a sua descendência. ¹⁷ Percorra esta terra de alto a baixo, de um lado a outro, porque eu a darei a você".

¹⁸ Então Abrão mudou seu acampamento e passou a viver próximo aos carvalhos de Manre,ᵃ em Hebrom,ᵇ onde construiu um altar dedicado ao Senhor.ᶜ

Abrão Socorre Ló

14 Naquela época, Anrafel, rei de Sinear,ᵈ Arioque, rei de Elasar, Quedorlaomer, rei de Elão, e Tidal, rei de Goim, ² foram à guerra contra Bera, rei de Sodoma, contra Birsa, rei de Gomorra, contra Sinabe, rei de Admá, contra Semeber, rei de Zeboim,ᵉ e contra o rei de Belá, que é Zoar.ᶠ ³ Todos esses últimos juntaram suas tropas no vale de Sidim, onde fica o mar Salgado¹ᵍ. ⁴ Doze anos estiveram sujeitos a Quedorlaomer, mas no décimo terceiro ano se rebelaram.

⁵ No décimo quarto ano, Quedorlaomer e os reis que a ele tinham-se aliado derrotaram os refainsʰ em Asterote-Carnaim, os zuzins em Hã, os eminsⁱ em Savé-Quiriataim ⁶ e os horeusʲ desde os montes de Seirᵏ até El-Parã,ˡ próximo ao deserto. ⁷ Depois, voltaram e foram para En-Mispate, que é Cades, e conquistaram todo o território dos amalequitas e dos amorreus que viviam em Hazazom-Tamar.ᵐ

⁸ Então os reis de Sodoma, de Gomorra,ⁿ de Admá, de Zeboimᵒ e de Belá, que é Zoar, marcharam e tomaram posição de combate no vale de Sidim ⁹ contra Quedorlaomer, rei de Elão, contra Tidal, rei de Goim, contra Anrafel, rei de Sinear, e contra Arioque, rei de Elasar. Eram quatro reis contra cinco. ¹⁰ Ora, o vale de Sidim era cheio de poços de betume e, quando os reis de Sodoma e de Gomorra fugiram, alguns dos seus homens caíram nos poços e o restante escapou para os montes.ᵖ ¹¹ Os vencedores saquearam todos os bens de Sodoma e de Gomorra e todo o seu mantimento, e partiram. ¹² Levaram também Ló, sobrinho de Abrão, e os bens que ele possuía, visto que morava em Sodoma.

¹³ Mas alguém que tinha escapado veio e relatou tudo a Abrão, o hebreu, que vivia próximo aos carvalhos de Manre,ᵠ o amorreu. Manre e os seus irmãos² Escol e Aner eram aliados de Abrão. ¹⁴ Quando Abrão

---

¹ **14.3** Isto é, o mar Morto.
² **14.13** Ou *parentes*; ou ainda *aliados*

ouviu que seu parente fora levado prisioneiro, mandou convocar os trezentos e dezoito homens treinados, nascidos em sua casa,ʳ e saiu em perseguição aos inimigos até Dã.ˢ ¹⁵ Atacou-os durante a noite em grupos, e assim os derrotou, perseguindo-os até Hobá, ao norte¹ de Damasco. ¹⁶ Recuperou todos os bens e trouxe de volta seu parente Ló com tudo o que possuía, com as mulheres e o restante dos prisioneiros.

Melquisedeque Abençoa Abrão

¹⁷ Voltando Abrão da vitória sobre Quedorlaomer e sobre os reis que a ele se haviam aliado, o rei de Sodoma foi ao seu encontro no vale de Savé, isto é, o vale do Rei.ᵗ ¹⁸ Então Melquisedeque,ᵘ rei de Salém²ᵛ e sacerdote do Deus Altíssimo, trouxe pão e vinho ¹⁹ e abençoou Abrão,ʷ dizendo:

"Bendito seja Abrão
  pelo Deus Altíssimo,
Criador³ dos céus e da terra.ˣ
²⁰ E bendito seja o Deus Altíssimo,ʸ
  que entregou seus inimigos
    em suas mãos".

E Abrão lhe deu o dízimo de tudo.ᶻ

²¹ O rei de Sodoma disse a Abrão: "Dê-me as pessoas e pode ficar com os bens".

²² Mas Abrão respondeu ao rei de Sodoma: "De mãosᵃ levantadas ao Senhor, o Deus Altíssimo, Criador dos céus e da terra,ᵇ juro ²³ que não aceitarei nada do que pertence a você,ᶜ nem mesmo um cordão ou uma correia de sandália, para que você jamais venha a dizer: 'Eu enriqueci Abrão'. ²⁴ Nada aceitarei, a não ser o que os meus servos comeram e a porção pertencente a Aner, Escol e Manre, os quais me acompanharam. Que eles recebam a sua porção".

A Aliança de Deus com Abrão

15 Depois dessas coisas o Senhor falou a Abrãoᵈ numa visão:

"Não tenha medo,ᵉ Abrão!
  Eu sou o seu escudo;ᶠ
  grande será a sua recompensa!"

² Mas Abrão perguntou: "Ó Soberano Senhor, que me darás, se continuo sem filhosᵍ e o herdeiro do que possuo é Eliézer de Damasco?" ³ E acrescentou: "Tu não me deste filho algum! Um servoʰ da minha casa será o meu herdeiro!"

⁴ Então o Senhor deu-lhe a seguinte resposta: "Seu herdeiro não será esse. Um filho gerado por você mesmo será o seu herdeiro".ⁱ ⁵ Levando-o para fora da tenda, disse-lhe: "Olhe para o céu e conte as estrelas,ʲ se é que pode contá-las". E prosseguiu: "Assim será a sua descendência".ᵏ

⁶ Abrão creu no Senhor, e isso lhe foi creditado como justiça.ˡ

⁷ Disse-lhe ainda: "Eu sou o Senhor, que o tirei de Ur dos caldeus para dar a você esta terra como herança".

⁸ Perguntou-lhe Abrão: "Ó Soberano Senhor, como posso saberᵐ que tomarei posse dela?"

⁹ Respondeu-lhe o Senhor: "Traga-me uma novilha, uma cabra e um carneiro, todos com três anos de vida, e também uma rolinha e um pombinho".

¹⁰ Abrão trouxe todos esses animais, cortou-os ao meio e colocou cada metade em frente à outra;ⁿ as aves, porém, ele não cortou.ᵒ ¹¹ Nisso, aves de rapina começaram a descer sobre os cadáveres, mas Abrão as enxotava.

¹² Ao pôr do sol, Abrão foi tomado de sono profundo,ᵖ e eis que vieram sobre ele trevas densas e apavorantes. ¹³ Então o Senhor lhe disse: "Saiba que os seus descendentes serão estrangeiros numa terra que não lhes pertencerá, onde também serão escravizadosᵠ e oprimidos por quatrocentos anos.ʳ ¹⁴ Mas eu castigarei a nação a quem servirão como escravos, e, depois de tudo, sairãoˢ com muitos bens.ᵗ ¹⁵ Você, porém, irá em paz a seus antepassados e será sepultado em boa velhice.ᵘ ¹⁶ Na quarta geração, os seus descendentes voltarão para cá,

---

¹ **14.15** Hebraico: *à esquerda*.
² **14.18** Isto é, Jerusalém.
³ **14.19** Ou *Dono*; também no versículo 22.

porque a maldade dos amorreus[v] ainda não atingiu a medida completa".

17 Depois que o sol se pôs e veio a escuridão, eis que um fogareiro esfumaçante, com uma tocha acesa, passou por entre os pedaços dos animais.[w] **18** Naquele dia, o Senhor fez a seguinte aliança com Abrão: "Aos seus descendentes dei esta terra,[x] desde o ribeiro do Egito[y] até o grande rio, o Eufrates: **19** a terra dos queneus, dos quenezeus, dos cadmoneus, **20** dos hititas, dos ferezeus, dos refains, **21** dos amorreus, dos cananeus, dos girgaseus e dos jebuseus".

O Nascimento de Ismael

16 Ora, Sarai, mulher de Abrão, não lhe dera nenhum filho.[z] Como tinha uma serva[a] egípcia, chamada Hagar, **2** disse a Abrão: "Já que o Senhor me impediu de ter filhos, possua a minha serva; talvez eu possa formar família por meio dela".[b] Abrão atendeu à proposta de Sarai. **3** Quando isso aconteceu, já fazia dez anos que Abrão, seu marido, vivia em Canaã.[c] Foi nessa ocasião que Sarai, sua mulher, lhe entregou sua serva egípcia Hagar. **4** Ele possuiu Hagar, e ela engravidou.

Quando se viu grávida, começou a olhar com desprezo para a sua senhora. **5** Então Sarai disse a Abrão: "Caia sobre você a afronta que venho sofrendo. Coloquei minha serva em seus braços e, agora que ela sabe que engravidou, despreza-me. Que o Senhor seja o juiz entre mim e você".[d]

6 Respondeu Abrão a Sarai: "Sua serva está em suas mãos. Faça com ela o que achar melhor". Então Sarai tanto maltratou Hagar que esta acabou fugindo.

7 O Anjo do Senhor[e] encontrou Hagar perto de uma fonte no deserto, no caminho de Sur,[f] **8** e perguntou-lhe: "Hagar, serva de Sarai, de onde você vem? Para onde vai?"

Respondeu ela: "Estou fugindo de Sarai, a minha senhora".

9 Disse-lhe então o Anjo do Senhor: "Volte à sua senhora e sujeite-se a ela". **10** Disse mais o Anjo: "Multiplicarei tanto os seus descendentes que ninguém os poderá contar".[g]

11 Disse-lhe ainda o Anjo do Senhor:

"Você está grávida e terá um filho,
  e lhe dará o nome de Ismael,
porque o Senhor a ouviu
  em seu sofrimento.[h]
12 Ele será como jumento selvagem;
sua mão será contra todos,
  e a mão de todos contra ele,
e ele viverá em hostilidade[1]
  contra todos os seus irmãos".[i]

13 Este foi o nome que ela deu ao Senhor, que lhe havia falado: "Tu és o Deus que me vê",[j] pois dissera: "Teria eu visto Aquele que me vê?" **14** Por isso o poço, que fica entre Cades e Berede, foi chamado Beer-Laai-Roi[2].

15 Hagar teve um filho[k] de Abrão, e este lhe deu o nome de Ismael. **16** Abrão estava com oitenta e seis anos de idade quando Hagar lhe deu Ismael.

A Circuncisão: O Sinal da Aliança

17 Quando Abrão estava com noventa e nove anos de idade o Senhor lhe apareceu e disse: "Eu sou o Deus todo-poderoso[3][l]; ande segundo a minha vontade e seja íntegro.[m] **2** Estabelecerei a minha aliança entre mim e você[n] e multiplicarei muitíssimo a sua descendência".

3 Abrão prostrou-se com o rosto em terra, e Deus lhe disse: **4** "De minha parte, esta é a minha aliança com você.[o] Você será o pai de muitas nações.[p] **5** Não será mais chamado Abrão; seu nome será Abraão[4][q], porque eu o constituí pai de muitas nações.[r] **6** Eu o tornarei extremamente prolífero;[s] de você farei nações e de você procederão reis.[t] **7** Estabelecerei a minha aliança como aliança eterna entre mim e você e os seus futuros descendentes, para ser o seu Deus[u] e o

---

[1] **16.12** Ou *defronte de todos*
[2] **16.14** Isto é, *poço daquele que vive e me vê*.
[3] **17.1** Hebraico: *El-Shaddai*.
[4] **17.5** *Abrão* significa *pai exaltado*; *Abraão* significa *pai de muitas nações*.

Deus dos seus descendentes.ᵛ ⁸ Toda a terra de Canaã,ʷ onde agora você é estrangeiro,ˣ darei como propriedade perpétua a você e a seus descendentes;ʸ e serei o Deus deles.

⁹ "De sua parte", disse Deus a Abraão, "guarde a minha aliança, tanto você como os seus futuros descendentes. ¹⁰ Esta é a minha aliança com você e com os seus descendentes, aliança que terá que ser guardada: Todos os do sexo masculino entre vocês serão circuncidados na carne.ᶻ ¹¹ Terão que fazer essa marca,ᵃ que será o sinal da aliança entre mim e vocês.ᵇ ¹² Da sua geração em diante, todo menino de oito dias de idade entre vocês terá que ser circuncidado,ᶜ tanto os nascidos em sua casa quanto os que forem comprados de estrangeiros e que não forem descendentes de vocês. ¹³ Sejam nascidos em sua casa, sejam comprados, terão que ser circuncidados. Minha aliança, marcada no corpo de vocês, será uma aliança perpétua. ¹⁴ Qualquer do sexo masculino que for incircunciso, que não tiver sido circuncidado, será eliminado do meio do seu povo;ᵈ quebrou a minha aliança".

¹⁵ Disse também Deus a Abraão: "De agora em diante sua mulher já não se chamará Sarai; seu nome será Sara¹. ¹⁶ Eu a abençoarei e também por meio dela darei a você um filho.ᵉ Sim, eu a abençoarei e dela procederão nações e reis de povos".ᶠ

¹⁷ Abraão prostrou-se com o rosto em terra; riu-seᵍ e disse a si mesmo: "Poderá um homem de cem anos de idade gerar um filho? Poderá Sara dar à luz aos noventa anos?" ¹⁸ E Abraão disse a Deus: "Permite que Ismael seja o meu herdeiro!²"

¹⁹ Então Deus respondeu: "Na verdade Sara, sua mulher, lhe dará um filho,ʰ e você lhe chamará Isaque³. Com ele estabelecerei a minha aliança, que será aliança eterna para os seus futuros descendentes. ²⁰ E, no caso de Ismael, levarei em conta o seu pedido. Também o abençoarei; eu o farei prolífero e multiplicareiⁱ muito a sua descendência. Ele será pai de doze príncipesᵏ e dele farei um grande povo.ˡ ²¹ Mas a minha aliança, eu a estabelecerei com Isaque, filho que Sara dará a você no ano que vem, por esta época".ᵐ ²² Quando terminou de falar com Abraão, Deus subiu e retirou-se da presença dele.

²³ Naquele mesmo dia, Abraão tomou seu filho Ismael, todos os nascidos em sua casa e os que foram comprados, todos os do sexo masculino de sua casa, e os circuncidou,ⁿ como Deus lhe ordenara. ²⁴ Abraão tinha noventa e nove anos quando foi circuncidado, ²⁵ e seu filho Ismael tinha treze; ²⁶ Abraão e seu filho Ismael foram circuncidados naquele mesmo dia. ²⁷ E com Abraão foram circuncidados todos os de sua casa, tanto os nascidos em casa como os comprados de estrangeiros.

Deus Promete um Filho a Abraão

18 O Senhor apareceu a Abraão perto dos carvalhos de Manre,ᵒ quando ele estava sentado à entrada de sua tenda, na hora mais quente do dia. ² Abraão ergueu os olhos e viu três homens em pé,ᵖ a pouca distância. Quando os viu, saiu da entrada de sua tenda, correu ao encontro deles e curvou-se até o chão.

³ Disse ele: "Meu senhor, se mereço o seu favor, não passe pelo seu servo sem fazer uma parada. ⁴ Mandarei buscar um pouco d'água para que lavem os pésᵠ e descansem debaixo desta árvore. ⁵ Vou trazer a vocês também o que comer,ʳ para que recuperem as forças e prossigam pelo caminho, agora que já chegaram até este seu servo".

"Está bem; faça como está dizendo", responderam.

⁶ Abraão foi apressadamente à tenda e disse a Sara: "Depressa, pegue três medidas⁴ da melhor farinha, amasse-a e faça uns pães".

---

¹ **17.15** *Sara* significa *princesa*.
² **17.18** Hebraico: *Que Ismael viva na tua presença!*
³ **17.19** *Isaque* significa *ele riu*.

⁴ **18.6** Hebraico: *3 seás*. O seá era uma medida de capacidade para secos. As estimativas variam entre 7 e 14 litros.

⁷ Depois correu ao rebanho e escolheu o melhor novilho, e o deu a um servo, que se apressou em prepará-lo. ⁸ Trouxe então coalhada, leite e o novilho que havia sido preparado, e os serviu.ˢ Enquanto comiam, ele ficou perto deles em pé, debaixo da árvore.

⁹ "Onde está Sara, sua mulher?", perguntaram.

"Ali na tenda", respondeu ele.

¹⁰ Então disse o SENHOR¹: "Voltarei a você na primavera, e Sara, sua mulher, terá um filho".ᵗ

Sara escutava à entrada da tenda, atrás dele. ¹¹ Abraão e Sara já eram velhos, de idade bem avançada,ᵘ e Sara já tinha passado da idade de ter filhos.ᵛ ¹² Por isso riu consigo mesma, quando pensou: "Depois de já estar velha e meu senhor²ˣ já idoso, ainda terei esse prazer?"

¹³ Mas o SENHOR disse a Abraão: "Por que Sara riuʷ e disse: 'Poderei realmente dar à luz, agora que sou idosa?' ¹⁴ Existe alguma coisa impossível para o SENHOR?ʸ Na primavera voltarei a você, e Sara terá um filho".

¹⁵ Sara teve medo, e por isso mentiu: "Eu não ri".

Mas ele disse: "Não negue, você riu".

Abraão Intercede por Sodoma

¹⁶ Quando os homens se levantaram para partir, avistaram lá embaixo Sodoma; e Abraão os acompanhou para despedir-se. ¹⁷ Então o SENHOR disse: "Esconderei de Abraãoᶻ o que estou para fazer?ᵃ ¹⁸ Abraão será o pai de uma naçãoᵇ grande e poderosa, e por meio dele todas as nações da terra serão abençoadas. ¹⁹ Pois eu o escolhi, para que ordene aos seus filhosᶜ e aos seus descendentes que se conservem no caminho do SENHOR,ᵈ fazendo o que é justo e direito, para que o SENHOR faça vir a Abraão o que lhe prometeu".

²⁰ Disse-lhe, pois, o SENHOR: "As acusações contra Sodoma e Gomorra são tantas e o seu pecado é tão grave ²¹ que dessereiᵉ para ver se o que eles têm feito corresponde ao que tenho ouvido. Se não, eu saberei".

²² Os homens partiram dali e foram para Sodoma,ᶠ mas Abraão permaneceu diante do SENHOR.³ ²³ Abraão aproximou-se dele e disse: "Exterminarás o justo com o ímpio?ᵍ ²⁴ E se houver cinquenta justos na cidade? Ainda a destruirás e não pouparás o lugar por amor aos cinquenta justos que nele estão?ʰ ²⁵ Longe de ti fazer tal coisa: matar o justo com o ímpio, tratando o justo e o ímpio da mesma maneira. Longe de ti! Não agirá com justiça o Juiz⁴ de toda a terra?"ⁱ

²⁶ Respondeu o SENHOR: "Se eu encontrar cinquenta justos em Sodoma, pouparei a cidade toda por amor a eles".ʲ

²⁷ Mas Abraão tornou a falar: "Sei que já fui muito ousado a ponto de falar ao SENHOR, eu que não passo de pó e cinza.ᵏ ²⁸ Ainda assim pergunto: E se faltarem cinco para completar os cinquenta justos? Destruirás a cidade por causa dos cinco?"

Disse ele: "Se encontrar ali quarenta e cinco, não a destruirei".

²⁹ "E se encontrares apenas quarenta?", insistiu Abraão.

Ele respondeu: "Por amor aos quarenta não a destruirei".

³⁰ Então continuou ele: "Não te ires, SENHOR, mas permite-me falar. E se apenas trinta forem encontrados ali?"

Ele respondeu: "Se encontrar trinta, não a destruirei".

³¹ Prosseguiu Abraão: "Agora que já fui tão ousado falando ao SENHOR, pergunto: E se apenas vinte forem encontrados ali?"

Ele respondeu: "Por amor aos vinteᵐ não a destruirei".

³² Então Abraão disse ainda: "Não te ires, SENHOR, mas permite-me falar só mais uma vez.ˡ E se apenas dezᵐ forem encontrados?"

---

¹ **18.10** Hebraico: *disse ele.*
² **18.12** Ou *marido*
³ **18.22** Os massoretas indicam que a ordem original do texto era *o* SENHOR, *porém, permaneceu diante de Abraão.*
⁴ **18.25** Ou *Soberano*

18.8 ᵗGn 19.3
18.10 ʳRm 9.9*
18.11 ᵘGn 17.17
ᵛRm 4.19
18.12 ʷGn 17.17; 21.6
ˣ1Pe 3.6
18.14 ʸJr 32.17, 27; Zc 8.6; Mt 19.26; Lc 1.37; Rm 4.21
18.17 ᶻAm 3.7
ᵃGn 19.24
18.18 ᵇGl 3.8*
18.19 ᶜDt 4.9-10; 6.7
ᵈJs 24.15; Ef 6.4
18.21 ᵉGn 11.5
18.22 ᶠGn 19.1
18.23 ᵍNm 16.22
18.24 ʰJr 5.1
18.25 ⁱJó 8.3, 20; Sl 58.11; 94.2; Is 3.10-11; Rm 3.6
18.26 ʲJr 5.1
18.27 ᵏGn 2.7; 3.19; Jó 30.19; 42.6
18.32 ˡJz 6.39
ᵐJr 5.1

Ele respondeu: "Por amor aos dez não a destruirei".

³³ Tendo acabado de falar com Abraão, o Senhor partiu, e Abraão voltou para casa.

A Destruição de Sodoma e Gomorra

19 Os dois anjos chegaram a Sodoma[n] ao anoitecer, e Ló estava sentado à porta da cidade.[o] Quando os avistou, levantou-se e foi recebê-los. Prostrou-se com o rosto em terra ² e disse: "Meus senhores, por favor, acompanhem-me à casa do seu servo. Lá poderão lavar os pés,[p] passar a noite e, pela manhã, seguir caminho".

"Não, passaremos a noite na praça", responderam.

³ Mas ele insistiu tanto com eles que, finalmente, o acompanharam e entraram em sua casa. Ló mandou preparar-lhes uma refeição e assar pão sem fermento, e eles comeram.[q]

⁴ Ainda não tinham ido deitar-se, quando todos os homens de toda parte da cidade de Sodoma, dos mais jovens aos mais velhos, cercaram a casa. ⁵ Chamaram Ló e lhe disseram: "Onde estão os homens que vieram à sua casa esta noite? Traga-os para nós aqui fora para que tenhamos relações com eles".[r]

⁶ Ló saiu da casa,[s] fechou a porta atrás de si ⁷ e lhes disse: "Não, meus amigos! Não façam essa perversidade! ⁸ Olhem, tenho duas filhas que ainda são virgens. Vou trazê-las para que vocês façam com elas o que bem entenderem. Mas não façam nada a estes homens, porque se acham debaixo da proteção do meu teto".[t]

⁹ "Saia da frente!", gritaram. E disseram: "Este homem chegou aqui como estrangeiro, e agora quer ser o juiz![u] Faremos a você pior do que a eles". Então empurraram Ló com violência e avançaram para arrombar a porta. ¹⁰ Nisso, os dois visitantes agarraram Ló, puxaram-no para dentro e fecharam a porta. ¹¹ Depois feriram de cegueira[v] os homens que estavam à porta da casa, dos mais jovens aos mais velhos, de maneira que não conseguiam encontrar a porta.

¹² Os dois homens perguntaram a Ló: "Você tem mais alguém na cidade — genros, filhos ou filhas, ou qualquer outro parente?[w] Tire-os daqui, ¹³ porque estamos para destruir este lugar. As acusações feitas ao Senhor contra este povo são tantas que ele nos enviou para destruir a cidade".[x]

¹⁴ Então Ló foi falar com seus genros, os quais iam casar-se com suas filhas, e lhes disse: "Saiam imediatamente deste lugar, porque o Senhor está para destruir a cidade!"[y] Mas pensaram que ele estava brincando.[z]

¹⁵ Ao raiar do dia, os anjos insistiam com Ló, dizendo: "Depressa! Leve daqui sua mulher e suas duas filhas, ou vocês também serão mortos[a] quando a cidade for castigada".[b]

¹⁶ Tendo ele hesitado, os homens o agarraram pela mão, como também a mulher e as duas filhas, e os tiraram dali à força e os deixaram fora da cidade, porque o Senhor teve misericórdia deles. ¹⁷ Assim que os tiraram da cidade, um deles disse a Ló: "Fuja por amor à vida![c] Não olhe para trás[d] e não pare em lugar nenhum da planície! Fuja para as montanhas, ou você será morto!"

¹⁸ Ló, porém, lhes disse: "Não, meu senhor! ¹⁹ Seu servo foi favorecido por sua benevolência, pois o senhor foi bondoso comigo, poupando-me a vida. Não posso fugir para as montanhas, senão esta calamidade cairá sobre mim, e morrerei. ²⁰ Aqui perto há uma cidade pequena. Está tão próxima que dá para correr até lá. Deixe-me ir para lá! Mesmo sendo tão pequena, lá estarei a salvo".

²¹ "Está bem", respondeu ele. "Também lhe atenderei esse pedido; não destruirei a cidade da qual você fala. ²² Fuja depressa, porque nada poderei fazer enquanto você não chegar lá". Por isso a cidade foi chamada Zoar.[¹]

²³ Quando Ló chegou a Zoar, o sol já havia nascido sobre a terra. ²⁴ Então o Senhor, o próprio Senhor, fez chover do céu[f] fogo e enxofre sobre Sodoma e Gomorra.[e] ²⁵ Assim ele destruiu aquelas cidades e toda a planície, com todos os habitantes das cidades e

---

[¹] **19.22** *Zoar* significa *pequena*.

a vegetação.ᵍ ²⁶ Mas a mulher de Ló olhou para trásʰ e se transformou numa coluna de sal.ⁱ

²⁷ Na manhã seguinte, Abraão se levantou e voltou ao lugar onde tinha estado diante do Senhor.ʲ ²⁸ E olhou para Sodoma e Gomorra, para toda a planície, e viu uma densa fumaça subindo da terra, como fumaça de uma fornalha.ᵏ

²⁹ Quando Deus arrasou as cidades da planície, lembrou-se de Abraão e tirou Ló do meio da catástrofeˡ que destruiu as cidades onde Ló vivia.

Os Descendentes de Ló

³⁰ Ló partiu de Zoar com suas duas filhas e passou a viver nas montanhas,ᵐ porque tinha medo de permanecer em Zoar. Ele e suas duas filhas ficaram morando numa caverna. ³¹ Um dia, a filha mais velha disse à mais jovem: "Nosso pai já está velho, e não há homens nas redondezas que nos possuam, segundo o costume de toda a terra. ³² Vamos dar vinho a nosso pai e então nos deitaremos com ele para preservar a sua linhagem".

³³ Naquela noite, deram vinho ao pai, e a filha mais velha entrou e se deitou com ele. E ele não percebeu quando ela se deitou nem quando se levantou.

³⁴ No dia seguinte a filha mais velha disse à mais nova: "Ontem à noite deitei-me com meu pai. Vamos dar-lhe vinho também esta noite, e você se deitará com ele, para que preservemos a linhagem de nosso pai". ³⁵ Então, outra vez deram vinho ao pai naquela noite, e a mais nova foi e se deitou com ele. E ele não percebeu quando ela se deitou nem quando se levantou.

³⁶ Assim, as duas filhas de Ló engravidaram do próprio pai. ³⁷ A mais velha teve um filho e deu-lhe o nome de Moabe¹; este é o pai dos moabitasⁿ de hoje. ³⁸ A mais nova também teve um filho e deu-lhe o nome de Ben-Ami²; este é o pai dos amonitasᵒ de hoje.

---

¹ **19.37** *Moabe* assemelha-se à expressão hebraica que significa *do pai*.

² **19.38** *Ben-Ami* significa *filho do meu povo*.

Abraão em Gerar

20 Abraão partiu daliᵖ para a região do Neguebe e foi viver entre Cades e Sur. Depois morou algum tempo em Gerar.ᵍ ² Ele dizia que Sara, sua mulher, era sua irmã.ʳ Então Abimeleque, rei de Gerar, mandou buscar Sara e tomou-a para si.ˢ

³ Certa noite Deus veio a Abimeleque num sonhoᵗ e lhe disse: "Você morrerá! A mulher que você tomou é casada".ᵘ

⁴ Mas Abimeleque, que ainda não havia tocado nela, disse: "Senhor, destruirias um povo inocente?ᵛ ⁵ Não foi ele que me disse: 'Ela é minha irmã'? E ela também não disse: 'Ele é meu irmão'? O que fiz foi de coração puro e de mãos limpas".

⁶ Então Deus lhe respondeu no sonho: "Sim, eu sei que você fez isso de coração puro. Eu mesmo impediʷ que você pecasse contra mim e por isso não lhe permiti tocá-la. ⁷ Agora devolva a mulher ao marido dela. Ele é profeta e orará em seu favor,ˣ para que você não morra. Mas, se não a devolver, esteja certo de que você e todos os seus morrerão".

⁸ Na manhã seguinte, Abimeleque convocou todos os seus conselheiros e, quando lhes contou tudo o que acontecera, tiveram muito medo. ⁹ Depois Abimeleque chamou Abraão e disse: "O que fizeste conosco? Em que foi que pequei contra ti para que trouxesses tamanha culpa sobre mim e sobre o meu reino? O que me fizeste não se faz a ninguém!"ʸ ¹⁰ E perguntou Abimeleque a Abraão: "O que te levou a fazer isso?"

¹¹ Abraão respondeu: "Eu disse a mim mesmo: Certamente ninguém teme a Deusᶻ neste lugar, e irão matar-me por causa da minha mulher. ¹² Além disso, na verdade ela é minha irmã por parte de pai, mas não por parte de mãe; e veio a ser minha mulher.ᵃ ¹³ E, quando Deus me fez sair errante da casa de meu pai, eu disse a ela: Assim você me provará sua lealdade: em qualquer lugar aonde formos, diga que sou seu irmão".

¹⁴ Então Abimeleque trouxe ovelhas e bois, servos e servas, deu-os a Abraãoᵇ e

devolveu-lhe Sara, sua mulher. ¹⁵ E disse Abimeleque: "Minha terra está diante de ti; podes ficar onde quiseres".*c*

¹⁶ A Sara ele disse: "Estou dando a seu irmão mil peças de prata, para reparar a ofensa feita a você¹ diante de todos os seus; assim todos saberão que você é inocente".

¹⁷ A seguir Abraão orou a Deus,*d* e Deus curou Abimeleque, sua mulher e suas servas, de forma que puderam novamente ter filhos, ¹⁸ porque o Senhor havia tornado estéreis todas as mulheres da casa de Abimeleque por causa de Sara,*e* mulher de Abraão.

O Nascimento de Isaque

21 O Senhor foi bondoso com Sara,*f* como lhe dissera, e fez por ela o que prometera.*g* ² Sara engravidou e deu um filho*h* a Abraão em sua velhice,*i* na época fixada por Deus em sua promessa. ³ Abraão deu o nome de Isaque*j* ao filho que Sara lhe dera. ⁴ Quando seu filho Isaque tinha oito dias de vida, Abraão o circuncidou,*k* conforme Deus lhe havia ordenado. ⁵ Estava ele com cem anos de idade quando lhe nasceu Isaque, seu filho.

⁶ E Sara disse: "Deus me encheu de riso, e todos os que souberem disso rirão*l* comigo".

⁷ E acrescentou: "Quem diria a Abraão que Sara amamentaria filhos? Contudo eu lhe dei um filho em sua velhice!"

Abraão Expulsa Hagar e Ismael

⁸ O menino cresceu e foi desmamado. No dia em que Isaque foi desmamado, Abraão deu uma grande festa. ⁹ Sara, porém, viu que o filho que Hagar, a egípcia, dera a Abraão*m* estava rindo*n* de² Isaque, ¹⁰ e disse a Abraão: "Livre-se daquela escrava e do seu filho, porque ele jamais será herdeiro com o meu filho Isaque".*o*

¹¹ Isso perturbou demais Abraão, pois envolvia um filho seu.*p* ¹² Mas Deus lhe disse: "Não se perturbe por causa do menino e da escrava. Atenda a tudo o que Sara lhe pedir, porque será por meio de Isaque que a sua descendência há de ser considerada.*q* ¹³ Mas também do filho da escrava farei um povo;*r* pois ele é seu descendente".

¹⁴ Na manhã seguinte, Abraão pegou alguns pães e uma vasilha de couro cheia d'água, entregou-os a Hagar e, tendo-os colocado nos ombros dela, despediu-a com o menino. Ela se pôs a caminho e ficou vagando pelo deserto de Berseba³.*s*

¹⁵ Quando acabou a água da vasilha, ela deixou o menino debaixo de um arbusto ¹⁶ e foi sentar-se perto dali, à distância de um tiro de flecha, porque pensou: "Não posso ver o menino morrer". Sentada ali perto, começou a chorar⁴.

¹⁷ Deus ouviu o choro do menino,*t* e o anjo de Deus, do céu, chamou Hagar e lhe disse: "O que a aflige, Hagar? Não tenha medo; Deus ouviu o menino chorar, lá onde você o deixou. ¹⁸ Levante o menino e tome-o pela mão, porque dele farei um grande povo".*u*

¹⁹ Então Deus lhe abriu os olhos,*v* e ela viu uma fonte. Foi até lá, encheu de água a vasilha e deu de beber ao menino.

²⁰ Deus estava com o menino.*w* Ele cresceu, viveu no deserto e tornou-se flecheiro. ²¹ Vivia no deserto de Parã, e sua mãe conseguiu-lhe uma mulher*x* da terra do Egito.

O Acordo entre Abraão e Abimeleque

²² Naquela ocasião, Abimeleque, acompanhado de Ficol, comandante do seu exército, disse a Abraão: "Deus está contigo em tudo o que fazes. ²³ Agora, jura-me,*y* diante de Deus, que não vais enganar-me, nem a mim nem a meus filhos e descendentes. Trata a nação que te acolheu como estrangeiro com a mesma bondade com que te tratei".

²⁴ Respondeu Abraão: "Eu juro!"

²⁵ Todavia Abraão reclamou com Abimeleque a respeito de um poço que os servos de

---

³ **21.14** *Berseba* pode significar *poço dos sete* ou *poço do juramento*; também em 21.31-33; 22.19; 26.23, 33 e 28.10.
⁴ **21.16** A Septuaginta diz *e o menino começou a chorar.*

¹ **20.16** Hebraico: *para que lhe seja um véu para os olhos.*
² **21.9** Ou *brincando com*

20.15 ᶜGn 13.9
20.17 ᵈJó 42.9
20.18 ᵉGn 12.17
21.1 ᶠ1Sm 2.21
ᵍGn 8.1; 17.16, 21; Gl 4.23
21.2 ʰGn 17.19
ⁱGl 4.22; Hb 11.11
21.3 ʲGn 17.19
21.4 ᵏGn 17.10, 12; At 7.8
21.6 ˡGn 17.17; Is 54.1
21.9 ᵐGn 16.15
ⁿGl 4.29
21.10 ºGl 4.30*
21.11 ᵖGn 17.18
21.12 ᵍRm 9.7*; Hb 11.18*
21.13 ʳv. 18
21.14 ˢv. 31, 32
21.17 ᵗEx 3.7
21.18 ᵘv. 13
21.19 ᵛNm 22.31
21.20 ʷGn 26.3, 24; 28.15; 39.2, 21, 23
21.21 ˣGn 24.4, 38
21.23 ʸv. 31; Js 2.12

Abimeleque lhe tinham tomado à força.ᶻ ²⁶ Mas Abimeleque lhe respondeu: "Não sei quem fez isso. Nunca me disseste nada, e só fiquei sabendo disso hoje".

²⁷ Então Abraão trouxe ovelhas e bois, deu-os a Abimeleque, e os dois firmaram um acordo.ᵃ ²⁸ Abraão separou sete ovelhas do rebanho, ²⁹ pelo que Abimeleque lhe perguntou: "Que significam estas sete ovelhas que separaste das demais?"

³⁰ Ele respondeu: "Aceita estas sete ovelhas de minhas mãos como testemunhoᵇ de que eu cavei este poço".

³¹ Por isso aquele lugar foi chamado Berseba,ᶜ porque ali os dois fizeram um juramento.

³² Firmado esse acordo em Berseba, Abimeleque e Ficol, comandante das suas tropas, voltaram para a terra dos filisteus. ³³ Abraão, por sua vez, plantou uma tamargueira em Berseba e ali invocou o nome do Senhor,ᵈ o Deus Eterno.ᵉ ³⁴ E morou Abraão na terra dos filisteus por longo tempo.

Deus Prova Abraão

22 Passado algum tempo, Deus pôs Abraão à prova,ᶠ dizendo-lhe: "Abraão!"

Ele respondeu: "Eis-me aqui".

² Então disse Deus: "Tome seu filho,ᵍ seu único filho, Isaque, a quem você ama, e vá para a região de Moriá.ʰ Sacrifique-o ali como holocaustoⁱ num dos montes que lhe indicarei".

³ Na manhã seguinte, Abraão levantou-se e preparou o seu jumento. Levou consigo dois de seus servos e Isaque, seu filho. Depois de cortar lenha para o holocausto, partiu em direção ao lugar que Deus lhe havia indicado. ⁴ No terceiro dia de viagem, Abraão olhou e viu o lugar ao longe. ⁵ Disse ele a seus servos: "Fiquem aqui com o jumento enquanto eu e o rapaz vamos até lá. Depois de adorar, voltaremos".

⁶ Abraão pegou a lenha para o holocausto e a colocou nos ombros de seu filho Isaque,ⁱ e ele mesmo levou as brasas para o fogo, e a faca. E, caminhando os dois juntos, ⁷ Isaque disse a seu pai, Abraão: "Meu pai!"

"Sim, meu filho", respondeu Abraão.

Isaque perguntou: "As brasas e a lenha estão aqui, mas onde está o cordeiroʲ para o holocausto?"

⁸ Respondeu Abraão: "Deus mesmo há de prover o cordeiro para o holocausto, meu filho". E os dois continuaram a caminhar juntos.

⁹ Quando chegaram ao lugar que Deus lhe havia indicado, Abraão construiu um altarᵏ e sobre ele arrumou a lenha. Amarrou seu filho Isaque e o colocou sobre o altar, em cima da lenha. ¹⁰ Então estendeu a mão e pegou a faca para sacrificar seu filho. ¹¹ Mas o Anjo do Senhor o chamou do céu: "Abraão! Abraão!"

"Eis-me aqui", respondeu ele.

¹² "Não toque no rapaz", disse o Anjo. "Não lhe faça nada. Agora sei que você teme a Deus,ˡ porque não me negou seu filho, o seu único filho."ᵐ

¹³ Abraão ergueu os olhos e viu um carneiro preso pelos chifres num arbusto. Foi lá pegá-lo, e o sacrificou como holocausto em lugar de seu filho.ⁿ ¹⁴ Abraão deu àquele lugar o nome de "O Senhor Proverá". Por isso até hoje se diz: "No monte do Senhor se proverá".ᵒ

¹⁵ Pela segunda vez o Anjo do Senhor chamou do céu a Abraão ¹⁶ e disse: "Juro por mim mesmo",ᵖ declara o Senhor, "que, por ter feito o que fez, não me negando seu filho, o seu único filho, ¹⁷ esteja certo de que o abençoarei e farei seus descendentesᵠ tão numerosos como as estrelas do céuʳ e como a areia das praias do mar.ˢ Sua descendência conquistará as cidades dos que lhe forem inimigosᵗ ¹⁸ e, por meio dela, todos os povos da terra serão abençoados,ᵘ porque você me obedeceu".ᵛ

¹⁹ Então voltou Abraão a seus servos, e juntos partiram para Berseba, onde passou a viver.

---

¹ **22.2** Isto é, sacrifício totalmente queimado; também nos versículos 3, 6-8 e 13.

Os Filhos de Naor

20 Passado algum tempo, disseram a Abraão que Milca dera filhos a seu irmão Naor:[w] **21** Uz, o mais velho, Buz, seu irmão, Quemuel, pai de Arã, **22** Quésede, Hazo, Pildas, Jidlafe e Betuel, **23** pai de Rebeca.[x] Estes foram os oito filhos que Milca deu a Naor, irmão de Abraão. **24** E sua concubina, chamada Reumá, teve os seguintes filhos: Tebá, Gaã, Taás e Maaca.

A Morte de Sara

23 Sara viveu cento e vinte e sete anos **2** e morreu em Quiriate-Arba,[y] que é Hebrom,[z] em Canaã; e Abraão foi lamentar e chorar por ela.

3 Depois Abraão deixou ali o corpo de sua mulher e foi falar com os hititas: **4** "Sou apenas um estrangeiro[a] entre vocês. Cedam-me alguma propriedade para sepultura, para que eu tenha onde enterrar a minha mulher".

5 Responderam os hititas a Abraão: **6** "Ouça-nos, senhor; o senhor é um príncipe[b] de Deus[1] em nosso meio. Enterre a sua mulher numa de nossas sepulturas, na que lhe parecer melhor. Nenhum de nós recusará ceder-lhe sua sepultura para que enterre a sua mulher".

7 Abraão levantou-se, curvou-se perante o povo daquela terra, os hititas, **8** e disse-lhes: "Já que vocês me dão permissão para sepultar minha mulher, peço que intercedam por mim junto a Efrom, filho de Zoar,[c] **9** a fim de que ele me ceda a caverna de Macpela, que lhe pertence e se encontra na divisa do seu campo. Peçam-lhe que a ceda a mim pelo preço justo, para que eu tenha uma propriedade para sepultura entre vocês".

10 Efrom, o hitita, estava sentado no meio do seu povo e respondeu a Abraão, sendo ouvido por todos os hititas que tinham vindo à porta[d] da cidade: **11** "Não, meu senhor. Ouça-me, eu lhe cedo[e] o campo e também a caverna que nele está. Cedo-os na presença do meu povo. Sepulte a sua mulher".

12 Novamente Abraão curvou-se perante o povo daquela terra **13** e disse a Efrom, sendo ouvido por todos: "Ouça-me, por favor. Pagarei o preço do campo. Aceite-o, para que eu possa sepultar a minha mulher".

14 Efrom respondeu a Abraão: **15** "Ouça-me, meu senhor: aquele pedaço de terra vale quatrocentas peças de prata,[f] mas o que significa isso entre mim e você? Sepulte a sua mulher".

16 Abraão concordou com Efrom e pesou-lhe o valor por ele estipulado diante dos hititas: quatrocentas peças de prata,[g] de acordo com o peso corrente entre os mercadores.

17 Assim o campo de Efrom em Macpela, perto de Manre,[h] o próprio campo com a caverna que nele há e todas as árvores dentro das divisas do campo, foi transferido **18** a Abraão como sua propriedade diante de todos os hititas que tinham vindo à porta da cidade. **19** Depois disso, Abraão sepultou sua mulher Sara na caverna do campo de Macpela, perto de Manre, que se encontra em Hebrom, na terra de Canaã. **20** Assim o campo e a caverna que nele há foram transferidos[i] a Abraão pelos hititas como propriedade para sepultura.

Uma Esposa para Isaque

24 Abraão já era velho, de idade bem avançada, e o Senhor em tudo o abençoara.[j] **2** Disse ele ao servo mais velho de sua casa, que era o responsável por tudo quanto tinha:[k] "Ponha a mão debaixo da minha coxa[l] **3** e jure pelo Senhor, o Deus dos céus e o Deus da terra,[m] que não buscará mulher para meu filho[n] entre as filhas dos cananeus,[o] no meio dos quais estou vivendo, **4** mas irá à minha terra e buscará entre os meus parentes[p] uma mulher para meu filho Isaque".

5 O servo lhe perguntou: "E se a mulher não quiser vir comigo a esta terra? Devo então levar teu filho de volta à terra de onde vieste?"

---

[1] **23.6** Ou *príncipe poderoso*; ou ainda *príncipe dos deuses*

⁶ "Cuidado!", disse Abraão, "Não deixe o meu filho voltar para lá.

⁷ "O Senhor, o Deus dos céus, que me tirou da casa de meu pai e de minha terra natal e que me prometeu sob juramento que à minha descendência^q daria esta terra,^{r} enviará o seu anjo adiante de você^s para que de lá traga uma mulher para meu filho. ⁸ Se a mulher não quiser vir, você estará livre do juramento. Mas não leve o meu filho de volta para lá." ⁹ Então o servo pôs a mão debaixo da coxa^t de Abraão, seu senhor, e jurou cumprir aquela palavra.

¹⁰ O servo partiu, com dez camelos do seu senhor, levando também do que o seu senhor tinha de melhor. Partiu para a Mesopotâmia,^{1} em direção à cidade onde Naor tinha morado. ¹¹ Ao cair da tarde, quando as mulheres costumam sair para buscar água,^{v} ele fez os camelos se ajoelharem junto ao poço^u que ficava fora da cidade.

¹² Então orou: "Senhor, Deus do meu senhor Abraão,^{w} dá-me neste dia bom êxito e seja bondoso com o meu senhor Abraão. ¹³ Como vês, estou aqui ao lado desta fonte, e as jovens do povo desta cidade estão vindo para tirar água. ¹⁴ Concede que a jovem a quem eu disser: Por favor, incline o seu cântaro e dê-me de beber, e ela me responder: 'Bebe. Também darei água aos teus camelos', seja essa a que escolheste para teu servo Isaque. Saberei^x assim que foste bondoso com o meu senhor".

¹⁵ Antes que ele terminasse de orar,^{y} surgiu Rebeca,^{z} filha de Betuel, filho de Milca,^{a} mulher de Naor,^{b} irmão de Abraão, trazendo no ombro o seu cântaro. ¹⁶ A jovem era muito bonita^c e virgem; nenhum homem tivera relações com ela. Rebeca desceu à fonte, encheu seu cântaro e voltou.

¹⁷ O servo apressou-se ao encontro dela e disse: "Por favor, dê-me um pouco de água do seu cântaro".

¹⁸ "Beba,^{d} meu senhor", disse ela, e tirou rapidamente dos ombros o cântaro e o serviu.

¹⁹ Depois que lhe deu de beber, disse: "Tirarei água também para os seus camelos^e até saciá-los". ²⁰ Assim ela esvaziou depressa seu cântaro no bebedouro e correu de volta ao poço para tirar mais água para todos os camelos. ²¹ Sem dizer nada, o homem a observava atentamente para saber se o Senhor tinha ou não coroado de êxito a sua missão.^{f}

²² Quando os camelos acabaram de beber, o homem deu à jovem um pendente de ouro^g de seis gramas^2 e duas pulseiras de ouro de cento e vinte gramas^3, ²³ e perguntou: "De quem você é filha? Diga-me, por favor, se há lugar na casa de seu pai para eu e meus companheiros passarmos a noite".

²⁴ "Sou filha de Betuel, o filho que Milca deu a Naor",^{h} respondeu ela; ²⁵ e acrescentou: "Temos bastante palha e forragem, e também temos lugar para vocês passarem a noite".

²⁶ Então o homem curvou-se em adoração ao Senhor,^{i} ²⁷ dizendo: "Bendito seja o Senhor,^{j} o Deus do meu senhor Abraão, que não retirou sua bondade e sua fidelidade^k do meu senhor. Quanto a mim, o Senhor me conduziu na jornada^l até a casa dos parentes do meu senhor".^{m}

²⁸ A jovem correu para casa e contou tudo à família de sua mãe. ²⁹ Rebeca tinha um irmão chamado Labão.^{n} Ele saiu apressado à fonte para conhecer o homem, ³⁰ pois tinha visto o pendente e as pulseiras no braço de sua irmã, e ouvira Rebeca contar o que o homem lhe dissera. Saiu, pois, e foi encontrá-lo parado junto à fonte, ao lado dos camelos. ³¹ E disse: "Venha, bendito do Senhor!^{o} Por que ficar aí fora? Já arrumei a casa e um lugar para os camelos".

³² Assim o homem dirigiu-se à casa, e os camelos foram descarregados. Deram palha e forragem aos camelos, e água ao homem e aos que estavam com ele para lavarem os pés.^{p} ³³ Depois lhe trouxeram comida, mas

---

^{1} 24.10 Hebraico: *Arã Naaraim*.
^{2} 24.22 Hebraico: *1 beca*.
^{3} 24.22 Hebraico: *10 siclos*. Um siclo equivalia a 12 gramas.

ele disse: "Não comerei enquanto não disser o que tenho para dizer".

Disse Labão: "Então fale".

34 E ele disse: "Sou servo de Abraão. **35** O Senhor o abençoou muito,ᵠ e ele se tornou muito rico. Deu-lhe ovelhas e bois, prata e ouro, servos e servas, camelos e jumentos.ʳ **36** Sara, mulher do meu senhor, na velhiceˢ lhe deu um filho, que é o herdeiro de tudo o que Abraão possui.ᵗ **37** E meu senhor fez-me jurar, dizendo: 'Você não buscará mulher para meu filho entre as filhas dos cananeus, em cuja terra estou vivendo,ᵘ **38** mas irá à família de meu pai, ao meu próprio clã, buscar uma mulher para meu filho'.ᵛ

39 "Então perguntei a meu senhor: E se a mulher não quiser me acompanhar?ʷ

40 "Ele respondeu: 'O Senhor, a quem tenho servido, enviará seu anjo com vocêˣ e coroará de êxito a sua missão, para que você traga para meu filho uma mulher do meu próprio clã, da família de meu pai. **41** Quando chegar aos meus parentes, você estará livre do juramento se eles se recusarem a entregá-la a você. Só então você estará livre do juramento'.ʸ

42 "Hoje, quando cheguei à fonte, eu disse: Ó Senhor, Deus do meu senhor Abraão, se assim desejares, dá êxitoᶻ à missão de que fui incumbido. **43** Aqui estou em pé diante desta fonte;ᵃ se uma moça vier tirar água e eu lhe disser: Por favor, dê-me de beber um pouco de seu cântaro,ᵇ **44** e ela me responder: 'Bebe. Também darei água aos teus camelos', seja essa a que o Senhor escolheu para o filho do meu senhor.

45 "Antes de terminar de orar em meu coração,ᶜ surgiu Rebeca, com o cântaro ao ombro.ᵈ Dirigiu-se à fonte e tirou água, e eu lhe disse: Por favor, dê-me de beber.ᵉ **46** "Ela se apressou a tirar o cântaro do ombro e disse: 'Bebe. Também darei água aos teus camelos'.ᶠ Eu bebi, e ela deu de beber também aos camelos.

47 "Depois lhe perguntei: De quem você é filha?ᵍ

"Ela me respondeu: 'De Betuel, filho de Naor e Milca'.ʰ

"Então coloquei o pendente em seu nariz e as pulseiras em seus braços,ⁱ **48** e curvei-me em adoração ao Senhor.ʲ Bendisse ao Senhor, o Deus do meu senhor Abraão, que me guiou pelo caminho certo para buscar para o filhoᵏ dele a neta do irmão do meu senhor. **49** Agora, se quiserem mostrar fidelidadeˡ e bondade a meu senhor, digam-me; e, se não quiserem, digam-me também, para que eu decida o que fazer".

O Casamento de Isaque e Rebeca

50 Labão e Betuel responderam: "Isso vem do Senhor;ᵐ nada lhe podemos dizer, nem a favor, nem contra.ⁿ **51** Aqui está Rebeca; leve-a com você e que ela se torne a mulher do filho do seu senhor, como disse o Senhor".

52 Quando o servo de Abraão ouviu o que disseram, curvou-se até o chão diante do Senhor.ᵒ **53** Então o servo deu joias de ouro e de prata e vestidos a Rebeca; deu também presentes valiososᵖ ao irmão dela e à sua mãe. **54** Depois ele e os homens que o acompanhavam comeram, beberam e ali passaram a noite.

Ao se levantarem na manhã seguinte, ele disse: "Deixem-me voltarᵠ ao meu senhor".

55 Mas o irmão e a mãe dela responderam: "Deixe a jovem ficar mais uns dez dias conosco; então vocêˡ poderá partir".

56 Mas ele disse: "Não me detenham, agora que o Senhor coroou de êxito a minha missão. Vamos despedir-nos, e voltarei ao meu senhor".

57 Então lhe disseram: "Vamos chamar a jovem e ver o que ela diz". **58** Chamaram Rebeca e lhe perguntaram: "Você quer ir com este homem?"

"Sim, quero", respondeu ela.

59 Despediram-se, pois, de sua irmã Rebeca, de sua ama,ʳ do servo de Abraão e dos que o acompanhavam. **60** E abençoaram Rebeca, dizendo-lhe:

ˡ **24.55** Ou *ela*

"Que você cresça, nossa irmã,
até ser milhares de milhares;
e que a sua descendência conquiste
as cidades dos seus inimigos".

⁶¹ Então Rebeca e suas servas se aprontaram, montaram seus camelos e partiram com o homem. E assim o servo partiu levando Rebeca.

⁶² Isaque tinha voltado de Beer-Laai-Roi[1u], pois habitava no Neguebe. ⁶³ Certa tarde, saiu ao campo para meditar. Ao erguer os olhos, viu que se aproximavam camelos. ⁶⁴ Rebeca também ergueu os olhos e viu Isaque. Ela desceu do camelo ⁶⁵ e perguntou ao servo: "Quem é aquele homem que vem pelo campo ao nosso encontro?"

"É meu senhor", respondeu o servo. Então ela se cobriu com o véu.

⁶⁶ Depois o servo contou a Isaque tudo o que havia feito. ⁶⁷ Isaque levou Rebeca para a tenda de sua mãe, Sara; fez dela sua mulher, e a amou; assim Isaque foi consolado após a morte de sua mãe.

A Morte de Abraão

25 Abraão casou-se com outra mulher, chamada Quetura. ² Ela lhe deu os seguintes filhos: Zinrã, Jocsã, Medã, Midiã, Isbaque e Suá. ³ Jocsã gerou Sabá e Dedã; os descendentes de Dedã foram os assuritas, os letusitas e os leumitas. ⁴ Os filhos de Midiã foram Efá, Éfer, Enoque, Abida e Elda. Todos esses foram descendentes de Quetura.

⁵ Abraão deixou tudo o que tinha para Isaque. ⁶ Mas para os filhos de suas concubinas deu presentes; e, ainda em vida, enviou-os para longe de Isaque, para a terra do oriente.

⁷ Abraão viveu cento e setenta e cinco anos. ⁸ Morreu em boa velhice, em idade bem avançada, e foi reunido aos seus antepassados. ⁹ Seus filhos, Isaque e Ismael, o sepultaram na caverna de Macpela, perto de Manre, no campo de Efrom, filho de Zoar, o hitita, ¹⁰ campo que Abraão comprara dos hititas. Foi ali que Abraão e Sara, sua mulher, foram sepultados. ¹¹ Depois da morte de Abraão, Deus abençoou seu filho Isaque. Isaque morava próximo a Beer-Laai-Roi.

Os Filhos de Ismael

¹² Este é o registro da descendência de Ismael, o filho de Abraão que Hagar, a serva egípcia de Sara, deu a ele.

¹³ São estes os nomes dos filhos de Ismael, alistados por ordem de nascimento: Nebaiote, o filho mais velho de Ismael, Quedar, Adbeel, Mibsão, ¹⁴ Misma, Dumá, Massá, ¹⁵ Hadade, Temá, Jetur, Nafis e Quedemá. ¹⁶ Foram esses os doze filhos de Ismael, que se tornaram os líderes de suas tribos; os seus povoados e acampamentos receberam os seus nomes. ¹⁷ Ismael viveu cento e trinta e sete anos. Morreu e foi reunido aos seus antepassados. ¹⁸ Seus descendentes se estabeleceram na região que vai de Havilá a Sur, próximo à fronteira com o Egito, na direção de quem vai para Assur. E viveram em hostilidade[2] contra todos os seus irmãos.

Esaú e Jacó

¹⁹ Esta é a história da família de Isaque, filho de Abraão:

Abraão gerou Isaque, ²⁰ o qual aos quarenta anos se casou com Rebeca, filha de Betuel, o arameu de Padã-Arã[3], e irmã de Labão, também arameu.

²¹ Isaque orou ao Senhor em favor de sua mulher, porque era estéril. O Senhor respondeu à sua oração, e Rebeca, sua mulher, engravidou. ²² Os meninos se empurravam dentro dela, pelo que disse: "Por que está me acontecendo isso?" Foi então consultar o Senhor.

²³ Disse-lhe o Senhor:

"Duas nações estão em seu ventre;
já desde as suas entranhas

---

[1] **24.62** Isto é, *poço daquele que vive e me vê*; também em 25.11.

[2] **25.18** Ou *defronte de todos*

[3] **25.20** Provavelmente na região noroeste da Mesopotâmia; também em 28.2 e 5-7.

dois povos se separarão;
   um deles será mais forte que o outro,
mas o mais velho servirá ao mais novo".ᵛ

²⁴ Ao chegar a época de dar à luz, confirmou-se que havia gêmeos em seu ventre. ²⁵ O primeiro a sair era ruivo¹, e todo o seu corpo era como um mantoʷ de pelos; por isso lhe deram o nome de Esaú². ²⁶ Depois saiu seu irmão, com a mão agarrada no calcanhar de Esaú;ˣ pelo que lhe deram o nome de Jacó³ʸ. Tinha Isaque sessenta anos de idade quando Rebeca os deu à luz.

²⁷ Os meninos cresceram. Esaú tornou-se caçador habilidoso e vivia percorrendo os campos,ᶻ ao passo que Jacó cuidava do rebanho⁴ e vivia nas tendas. ²⁸ Isaque preferia Esaú, porque gostava de comer de suas caças;ᵃ Rebeca preferia Jacó.ᵇ

²⁹ Certa vez, quando Jacó preparava um ensopado, Esaú chegou faminto, voltando do campo, ³⁰ e pediu-lhe: "Dê-me um pouco desse ensopado vermelho aí. Estou faminto!" Por isso também foi chamado Edom⁵.

³¹ Respondeu-lhe Jacó: "Venda-me primeiro o seu direito de filho mais velho".

³² Disse Esaú: "Estou quase morrendo. De que me vale esse direito?"

³³ Jacó, porém, insistiu: "Jure primeiro". Ele fez um juramento, vendendo o seu direito de filho mais velhoᶜ a Jacó.

³⁴ Então Jacó serviu a Esaú pão com ensopado de lentilhas. Ele comeu e bebeu, levantou-se e se foi.

Assim Esaú desprezou o seu direito de filho mais velho.

Isaque em Gerar

26 Houve fome naquela terra,ᵈ como tinha acontecido no tempo de Abraão. Por isso Isaque foi para Gerar,ᵉ onde Abimeleque era o rei dos filisteus. ² O SENHOR apareceuᶠ a Isaque e disse: "Não desça ao Egito; procure estabelecer-se na terra que eu lhe indicar.ᵍ ³ Permaneça nesta terra mais um pouco,ʰ e eu estarei com você e o abençoarei.ⁱ Porque a você e a seus descendentes darei todas estas terrasʲ e confirmarei o juramento que fiz a seu pai, Abraão. ⁴ Tornarei seus descendentes tão numerosos como as estrelas do céuᵏ e lhes darei todas estas terras; e por meio da sua descendência todos os povos da terra serão abençoados,ˡ ⁵ porque Abraão me obedeceuᵐ e guardou meus preceitos, meus mandamentos, meus decretos e minhas leis". ⁶ Assim Isaque ficou em Gerar.

⁷ Quando os homens do lugar lhe perguntaram sobre a sua mulher, ele disse: "Ela é minha irmã".ⁿ Teve medo de dizer que era sua mulher, pois pensou: "Os homens deste lugar podem matar-me por causa de Rebeca, por ser ela tão bonita".

⁸ Isaque estava em Gerar já fazia muito tempo. Certo dia, Abimeleque, rei dos filisteus, estava olhando do alto de uma janela quando viu Isaque acariciando Rebeca, sua mulher. ⁹ Então Abimeleque chamou Isaque e lhe disse: "Na verdade ela é tua mulher! Por que me disseste que ela era tua irmã?"

Isaque respondeu: "Porque pensei que eu poderia ser morto por causa dela".

¹⁰ Então disse Abimeleque: "Tens ideia do que nos fizeste?ᵒ Qualquer homem bem poderia ter-se deitado com tua mulher, e terias trazido culpa sobre nós".

¹¹ E Abimeleque advertiu todo o povo: "Quem tocarᵖ neste homem ou em sua mulher certamente morrerá!"

¹² Isaque formou lavoura naquela terra e no mesmo ano colheu a cem por um, porque o SENHOR o abençoou.ᵠ ¹³ O homem enriqueceu, e a sua riqueza continuou a aumentar, até que ficou riquíssimo.ʳ ¹⁴ Possuía tantos rebanhos e servosˢ que os filisteus o invejavam.ᵗ ¹⁵ Estes taparamᵛ todos os poçosᵘ que os servos de Abraão, pai de Isaque, tinham cavado na sua época, enchendo-os de terra.

---

¹ **25.25** Ou *moreno*
² **25.25** *Esaú* pode significar *peludo, cabeludo*.
³ **25.26** *Jacó* significa *ele agarra o calcanhar* ou *ele age traiçoeiramente*; também em 27.36.
⁴ **25.27** Hebraico: *era homem pacato*.
⁵ **25.30** *Edom* significa *vermelho*.

¹⁶ Então Abimeleque pediu a Isaque: "Sai de nossa terra, pois já és poderoso demais para nós".ʷ

¹⁷ Por isso Isaque mudou-se de lá, acampou no vale de Gerar e ali se estabeleceu. ¹⁸ Isaque reabriu os poçosˣ cavados no tempo de seu pai, Abraão, os quais os filisteus fecharam depois que Abraão morreu, e deu-lhes os mesmos nomes que seu pai lhes tinha dado.

¹⁹ Os servos de Isaque cavaram no vale e descobriram um veio d'água. ²⁰ Mas os pastores de Gerar discutiram com os pastores de Isaque, dizendo: "A água é nossa!"ʸ Por isso Isaque deu ao poço o nome de Eseque, porque discutiram por causa dele. ²¹ Então os seus servos cavaram outro poço, mas eles também discutiram por causa dele; por isso o chamou Sitna. ²² Isaque mudou-se dali e cavou outro poço, e ninguém discutiu por causa dele. Deu-lhe o nome de Reobote, dizendo: "Agora o Senhor nos abriu espaço e prosperaremosᶻ na terra".

²³ Dali Isaque foi para Berseba. ²⁴ Naquela noite, o Senhor lhe apareceu e disse: "Eu sou o Deus de seu pai, Abraão.ᵃ Não tema,ᵇ porque estou com você; eu o abençoarei e multiplicarei os seus descendentesᶜ por amor ao meu servo Abraão".ᵈ

²⁵ Isaque construiu nesse lugar um altarᵉ e invocou o nome do Senhor. Ali armou acampamento, e os seus servos cavaram outro poço.

O Acordo entre Isaque e Abimeleque

²⁶ Por aquele tempo, veio a ele Abimeleque, de Gerar, com Auzate, seu conselheiro pessoal, e Ficol, o comandante dos seus exércitos.ᶠ ²⁷ Isaque lhes perguntou: "Por que me vieram ver, uma vez que foram hostis e me mandaram embora?"ᵍ

²⁸ Eles responderam: "Vimos claramente que o Senhor está contigo;ʰ por isso dissemos: Façamos um juramento entre nós. Queremos firmar um acordo contigo: ²⁹ Tu não nos farás mal, assim como nada te fizemos, mas sempre te tratamos bem e te despedimos em paz. Agora sabemos que o Senhor te tem abençoado".ⁱ

³⁰ Então Isaque ofereceu-lhes um banquete,ʲ e eles comeram e beberam. ³¹ Na manhã seguinte os dois fizeram juramento.ᵏ Depois Isaque os despediu e partiram em paz.

³² Naquele mesmo dia, os servos de Isaque vieram falar-lhe sobre o poço que tinham cavado e disseram: "Achamos água!" ³³ Isaque deu-lhe o nome de Seba e, por isso, até o dia de hoje aquela cidade é conhecida como Berseba.ˡ

³⁴ Tinha Esaú quarenta anos de idadeᵐ quando escolheu por mulher a Judite, filha de Beeri, o hitita, e também a Basemate, filha de Elom, o hitita.ⁿ ³⁵ Elas amarguraram a vida de Isaque e de Rebeca.ᵒ

Isaque Abençoa Jacó

27 Tendo Isaque envelhecido, seus olhos ficaram tão fracos que ele já não podia enxergar.ᵖ Certo dia chamou Esaú, seu filho mais velho,ᑫ e lhe disse: "Meu filho!"

Ele respondeu: "Estou aqui".

² Disse-lhe Isaque: "Já estou velho e não sei o dia da minha morte.ʳ ³ Pegue agora suas armas, o arco e a aljava, e vá ao campoˢ caçar alguma coisa para mim. ⁴ Prepare-me aquela comida saborosa que tanto aprecio e traga-me, para que eu a coma e o abençoeᵗ antes de morrer".

⁵ Ora, Rebeca estava ouvindo o que Isaque dizia a seu filho Esaú. Quando Esaú saiu ao campo para caçar, ⁶ Rebeca disse a seu filho Jacó:ᵘ "Ouvi seu pai dizer a seu irmão Esaú: ⁷ 'Traga-me alguma caça e prepare-me aquela comida saborosa, para que eu a coma e o abençoe na presença do Senhor antes de morrer'. ⁸ Agora, meu filho, ouça bem e faça o que lhe ordeno:ᵛ ⁹ Vá ao rebanho e traga-me dois cabritos escolhidos, para que eu prepare uma comida saborosa para seu pai, como ele aprecia. ¹⁰ Leve-a então a seu pai, para que ele a coma e o abençoe antes de morrer".

¹¹ Disse Jacó a Rebeca, sua mãe: "Mas o meu irmão Esaú é homem peludo,ʷ e

eu tenho a pele lisa. ¹² E se meu pai me apalpar?ˣ Vai parecer que estou tentando enganá-lo, fazendo-o de tolo e, em vez de bênção, trarei sobre mim maldição".

¹³ Disse-lhe sua mãe: "Caia sobre mimʸ a maldição, meu filho. Faça apenas o que eu digo:ᶻ Vá e traga-os para mim".

¹⁴ Então ele foi, apanhou-os e os trouxe à sua mãe, que preparou uma comida saborosa, como seu pai apreciava. ¹⁵ Rebeca pegou as melhores roupas de Esaú, seu filho mais velho, roupasᵃ que tinha em casa, e colocou-as em Jacó, seu filho mais novo. ¹⁶ Depois cobriu-lhe as mãos e a parte lisa do pescoço com as peles dos cabritos, ¹⁷ e por fim entregou a Jacó a refeição saborosa e o pão que tinha feito.

¹⁸ Ele se dirigiu ao pai e disse: "Meu pai". Respondeu ele: "Sim, meu filho. Quem é você?"

¹⁹ Jacó disse a seu pai: "Sou Esaú, seu filho mais velho. Fiz como o senhor me disse. Agora, assente-se e coma do que cacei para que me abençoe".ᵇ

²⁰ Isaque perguntou ao filho: "Como encontrou a caça tão depressa, meu filho?"

Ele respondeu: "O Senhor, o seu Deus, a colocou no meu caminho".ᶜ

²¹ Então Isaque disse a Jacó: "Chegue mais perto, meu filho, para que eu possa apalpá-loᵈ e saber se você é realmente meu filho Esaú".

²² Jacó aproximou-se do seu pai, Isaque, que o apalpou e disse: "A voz é de Jacó, mas os braços são de Esaú". ²³ Não o reconheceu, pois seus braços estavam peludos como os de Esaú,ᵉ seu irmão; e o abençoou.

²⁴ Isaque perguntou-lhe outra vez: "Você é mesmo meu filho Esaú?"

E ele respondeu: "Sou".

²⁵ Então lhe disse: "Meu filho, traga-me da sua caça para que eu coma e o abençoe".ᶠ

Jacó a trouxe, e seu pai comeu; também trouxe vinho, e ele bebeu. ²⁶ Então Isaque, seu pai, lhe disse: "Venha cá, meu filho, dê-me um beijo".

²⁷ Ele se aproximou e o beijou.ᵍ Quando sentiu o cheiro de suas roupas,ʰ Isaque o abençoou, dizendo:

"Ah, o cheiro de meu filho
é como o cheiro de um campo
que o Senhor abençoou.ⁱ
²⁸ Que Deus lhe conceda
do céu o orvalhoʲ
e da terra a riqueza,ᵏ
com muito cereal e muito vinho.ˡ
²⁹ Que as nações o sirvam
e os povos se curvem diante de
você.ᵐ
Seja senhor dos seus irmãos,
e curvem-se diante de vocêⁿ
os filhos de sua mãe.
Malditos sejam os que o amaldiçoarem
e benditos sejam
os que o abençoarem".ᵒ

³⁰ Quando Isaque acabou de abençoar Jacó, mal tendo ele saído da presença do pai, seu irmão, Esaú, chegou da caçada. ³¹ Ele também preparou uma comida saborosa e a trouxe a seu pai. E lhe disse: "Meu pai, levante-se e coma da minha caça, para que o senhor me dê sua bênção".ᵖ

³² Perguntou-lhe seu pai, Isaque: "Quem é você?"ᑫ

Ele respondeu: "Sou Esaú, seu filho mais velho".

³³ Profundamente abalado, Isaque começou a tremer muito e disse: "Quem então apanhou a caça e a trouxe para mim? Acabei de comê-la antes de você entrar e a ele abençoei; e abençoado ele será!"ʳ

³⁴ Quando Esaú ouviu as palavras de seu pai, deu um forte gritoˢ e, cheio de amargura, implorou ao pai: "Abençoe também a mim, meu pai!"

³⁵ Mas ele respondeu: "Seu irmão chegou astutamenteᵗ e recebeu a bênção que pertencia a você".

³⁶ E disse Esaú: "Não é com razão que o seu nome é Jacó?ᵘ Já é a segunda vez que ele me engana! Primeiro tomou o meu direito

de filho mais velho,ᵛ e agora recebeu a minha bênção!" Então perguntou ao pai: "O senhor não reservou nenhuma bênção para mim?"

37 Isaque respondeu a Esaú: "Eu o constituí senhor sobre você, e a todos os seus parentes tornei servos dele; a ele supri de cereal e de vinho.ʷ Que é que eu poderia fazer por você, meu filho?"

38 Esaú pediu ao pai: "Meu pai, o senhor tem apenas uma bênção? Abençoe-me também, meu pai!" Então chorou Esaú em alta voz.ˣ

39 Isaque, seu pai, respondeu-lhe:

"Sua habitação será
  longe das terras férteis,
  distante do orvalhoʸ
  que desce do alto céu.
40 Você viverá por sua espada
  e serviráᶻ a seu irmão.ᵃ
Mas, quando você não suportar mais,
  arrancará do pescoçoᵇ o jugo".

A Fuga de Jacó

41 Esaú guardou rancorᶜ contra Jacóᵈ por causa da bênção que seu pai lhe dera. E disse a si mesmo: "Os dias de lutoᵉ pela morte de meu pai estão próximos; então matarei meu irmão Jacó".

42 Quando contaram a Rebeca o que seu filho Esaú dissera, ela mandou chamar Jacó, seu filho mais novo, e lhe disse:ᵍ "Esaú está se consolando com a ideia de matá-lo. **43** Ouça, pois, o que lhe digo, meu filho: Fuja imediatamente para a casa de meu irmão Labão,ʰ em Harã.ⁱ **44** Fique com ele algum tempo,ʲ até que passe o furor de seu irmão. **45** Quando seu irmão não estiver mais irado contra você e esquecer o que você lhe fez,ᵏ mandarei buscá-lo. Por que perderia eu vocês dois num só dia?"

46 Então Rebeca disse a Isaque: "Estou desgostosa da vida, por causa destas mulheres hititas. Se Jacó escolher esposa entre as mulheres desta terra, entre mulheres hititas como estas, perderei a razão de viver".ˡ

28 Então Isaque chamou Jacó, deu-lhe sua bênção¹ e lhe ordenou: "Não se case com mulher cananeia.ᵐ **2** Vá a Padã-Arã, à casa de Betuel,ⁿ seu avô materno, e case-se com uma das filhas de Labão, irmão de sua mãe. **3** Que o Deus todo-poderoso²ᵒ o abençoe, faça-o prolíferoᵖ e multiplique os seus descendentes, para que você se torne uma comunidade de povos. **4** Que ele dê a você e a seus descendentes a bênção de Abraão,ᑫ para que você tome posse da terra na qual vive como estrangeiro,ʳ a terra dada por Deus a Abraão". **5** Então Isaque despediu Jacó e este foi a Padã-Arã,ˢ a Labão, filho do arameu Betuel, irmão de Rebeca,ᵗ mãe de Jacó e Esaú.

6 Esaú viu que Isaque havia abençoado a Jacó e o havia mandado a Padã-Arã para escolher ali uma mulher e que, ao abençoá-lo, dera-lhe a ordem de não se casar com mulher cananeia.ᵘ **7** Também soube que Jacó obedecera a seu pai e a sua mãe e fora para Padã-Arã. **8** Percebendo então Esaú que seu pai Isaqueʷ não aprovava as mulheres cananeias,ᵛ **9** foi à casa de Ismael e tomou a Maalate, irmã de Nebaiote,ˣ filha de Ismael, filho de Abraão, além das outras mulheres que já tinha.ʸ

O Sonho de Jacó em Betel

10 Jacó partiu de Berseba e foi para Harã.ᶻ **11** Chegando a determinado lugar, parou para pernoitar, porque o sol já se havia posto. Tomando uma das pedras dali, usou-a como travesseiro e deitou-se. **12** E teve um sonhoᵃ no qual viu uma escada apoiada na terra; o seu topo alcançava os céus, e os anjos de Deus subiam e desciam por ela.ᵇ **13** Ao lado dele³ estava o SENHOR,ᶜ que lhe disse: "Eu sou o SENHOR, o Deus de seu pai Abraão e o Deus de Isaque.ᵈ Darei a você e a seus descendentes a terra na qual você está deitado. **14** Seus descendentes serão como o pó da terra,ᵉ e seᶠ espalharão para o Oeste e para

---

¹ **28.1** Ou *saudou-o*
² **28.3** Hebraico: *El-Shaddai*.
³ **28.13** Ou *Acima dela*

o Leste, para o Norte e para o Sul.[g] Todos os povos da terra serão abençoados por meio de você e da sua descendência.[h] **15** Estou com você[i] e cuidarei de você,[j] aonde quer que vá; e eu o trarei de volta a esta terra. Não o deixarei[k] enquanto não fizer o que lhe prometi".[l]

16 Quando Jacó acordou do sono, disse: "Sem dúvida o Senhor está neste lugar,[m] mas eu não sabia!" **17** Teve medo e disse: "Temível é este lugar! Não é outro, senão a casa de Deus; esta é a porta dos céus".

18 Na manhã seguinte, Jacó pegou a pedra que tinha usado como travesseiro, colocou-a em pé como coluna[n] e derramou óleo sobre o seu topo.[o] **19** E deu o nome de Betel[1] àquele lugar, embora a cidade anteriormente se chamasse Luz.[p]

20 Então Jacó fez um voto,[q] dizendo: "Se Deus estiver comigo, cuidar de mim[r] nesta viagem que estou fazendo, prover-me de comida e roupa, **21** e levar-me de volta em segurança[s] à casa de meu pai, então o Senhor será o meu Deus.[t] **22** E esta pedra que hoje coloquei como coluna servirá de santuário[2] de Deus;[u] e de tudo o que me deres certamente te darei o dízimo".[v]

Jacó Encontra-se com Raquel

29 Então Jacó seguiu viagem e chegou à Mesopotâmia[3][w]. **2** Certo dia, olhando ao redor, viu um poço no campo e três rebanhos de ovelhas deitadas por perto, pois os rebanhos bebiam daquele poço, que era tapado por uma grande pedra. **3** Por isso, quando todos os rebanhos se reuniam ali, os pastores rolavam a pedra da boca do poço e davam água às ovelhas. Depois recolocavam a pedra em seu lugar, sobre o poço.

4 Jacó perguntou aos pastores: "Meus amigos, de onde são vocês?"

"Somos de Harã",[x] responderam.

5 "Vocês conhecem Labão, neto de Naor?", perguntou-lhes Jacó.

Eles responderam: "Sim, nós o conhecemos".

6 Então Jacó perguntou: "Ele vai bem?"

"Sim, vai bem", disseram eles, "e ali vem sua filha Raquel com as ovelhas."

7 Disse ele: "Olhem, o sol ainda vai alto e não é hora de recolher os rebanhos. Deem de beber às ovelhas e levem-nas de volta ao pasto."

8 Mas eles responderam: "Não podemos, enquanto os rebanhos não se agruparem e a pedra não for removida da boca do poço. Só então daremos de beber às ovelhas".

9 Ele ainda estava conversando, quando chegou Raquel com as ovelhas de seu pai,[y] pois ela era pastora. **10** Quando Jacó viu Raquel, filha de Labão, irmão de sua mãe, e as ovelhas de Labão, aproximou-se, removeu a pedra da boca do poço e deu de beber às ovelhas de seu tio Labão.[z] **11** Depois Jacó beijou Raquel e começou a chorar bem alto.[a] **12** Então contou a Raquel que era parente[b] do pai dela e filho de Rebeca. E ela foi correndo contar tudo a seu pai.[c]

13 Logo que Labão[d] ouviu as notícias acerca de Jacó, seu sobrinho, correu ao seu encontro, abraçou-o e o beijou. Depois, levou-o para casa, e Jacó contou-lhe tudo o que havia ocorrido. **14** Então Labão lhe disse: "Você é sangue do meu sangue[4]".[e]

O Casamento de Jacó

Já fazia um mês que Jacó estava na casa de Labão, **15** quando este lhe disse: "Só por ser meu parente você vai trabalhar de graça? Diga-me qual deve ser o seu salário".

16 Ora, Labão tinha duas filhas; o nome da mais velha era Lia, e o da mais nova, Raquel. **17** Lia tinha olhos meigos[5], mas Raquel era bonita e atraente. **18** Como Jacó gostava muito de Raquel, disse: "Trabalharei sete anos em troca de Raquel, sua filha mais nova".[f]

19 Labão respondeu: "Será melhor dá-la a você do que a algum outro homem. Fique aqui comigo". **20** Então Jacó trabalhou sete anos por Raquel, mas lhe pareceram poucos dias, pelo tanto que a amava.[g]

---

[1] **28.19** *Betel* significa *casa de Deus*.
[2] **28.22** Hebraico: *será a casa*.
[3] **29.1** Hebraico: *à terra dos filhos do oriente*.
[4] **29.14** Hebraico: *meu osso e minha carne*.
[5] **29.17** Ou *sem brilho*

²¹ Então disse Jacó a Labão: "Entregue-me a minha mulher. Cumpri o prazo previsto e quero deitar-me com ela".ʰ

²² Então Labão reuniu todo o povo daquele lugar e deu uma festa.ⁱ ²³ Mas, quando a noite chegou, deu sua filha Lia a Jacó, e Jacó deitou-se com ela. ²⁴ Labão também entregou sua serva Zilpa à sua filha, para que ficasse a serviço dela.

²⁵ Quando chegou a manhã, lá estava Lia. Então Jacó disse a Labão: "Que foi que você me fez?ʲ Eu não trabalhei por Raquel? Por que você me enganou?"ᵏ

²⁶ Labão respondeu: "Aqui não é costume entregar em casamento a filha mais nova antes da mais velha. ²⁷ Deixe passar esta semana de núpciasˡ e daremos a você também a mais nova, em troca de mais sete anos de trabalho".

²⁸ Jacó concordou. Passou aquela semana de núpcias com Lia, e Labão lhe deu sua filha Raquel por mulher. ²⁹ Labão deu a Raquel sua serva Bila,ᵐ para que ficasse a serviço dela.ⁿ ³⁰ Jacó deitou-se também com Raquel, que era a sua preferida.ᵒ E trabalhou para Labão outros sete anos.ᵖ

Os Filhos de Jacó

³¹ Quando o Senhor viu que Lia era desprezada,ᑫ concedeu-lhe filhos;ʳ Raquel, porém, era estéril. ³² Lia engravidou, deu à luz um filho e deu-lhe o nome de Rúben, pois dizia: "O Senhor viu a minha infelicidade.ˢ Agora, certamente o meu marido me amará".

³³ Lia engravidou de novo e, quando deu à luz outro filho, disse: "Porque o Senhor ouviu que sou desprezada, deu-me também este". Pelo que o chamou Simeão.ᵗ

³⁴ De novo engravidou e, quando deu à luz mais um filho, disse: "Agora, finalmente, meu marido se apegará a mim,ᵘ porque já lhe dei três filhos". Por isso deu-lhe o nome de Levi.ᵛ

³⁵ Engravidou ainda outra vez e, quando deu à luz mais outro filho, disse: "Desta vez louvarei o Senhor". Assim deu-lhe o nome de Judá.ʷ Então parou de ter filhos.

30 Quando Raquel viu que não dava filhosˣ a Jacó, teve inveja de sua irmã.ʸ Por isso disse a Jacó: "Dê-me filhos ou morrerei!"

² Jacó ficou irritado e disse: "Por acaso estou no lugar de Deus, que a impediu de ter filhos?"ᶻ

³ Então ela respondeu: "Aqui está Bila, minha serva. Deite-se com ela, para que tenha filhos em meu lugarⁱ e por meio dela eu também possa formar família".ᵃ

⁴ Por isso ela deu a Jacó sua serva Bila por mulher.ᵇ Ele deitou-se com ela,ᶜ ⁵ Bila engravidou e deu-lhe um filho. ⁶ Então Raquel disse: "Deus me fez justiça,ᵈ ouviu o meu clamor e deu-me um filho". Por isso deu-lhe o nome de Dã.ᵉ

⁷ Bila, serva de Raquel, engravidou novamente e deu a Jacó o segundo filho. ⁸ Então disse Raquel: "Tive grande luta com minha irmã e venci".ᶠ Pelo que o chamou Naftali.ᵍ

⁹ Quando Lia viu que tinha parado de ter filhos, tomou sua serva Zilpa e a deu a Jacó por mulher.ʰ ¹⁰ Zilpa, serva de Lia, deu a Jacó um filho. ¹¹ Então disse Lia: "Que grande sorte!"² Por isso o chamou Gade.ⁱ

¹² Zilpa, serva de Lia, deu a Jacó mais um filho. ¹³ Então Lia exclamou: "Como sou feliz! As mulheres dirão que sou feliz".ʲ Por isso lhe deu o nome de Aser.ˡ

¹⁴ Durante a colheita do trigo, Rúben saiu ao campo, encontrou algumas mandrágoras³ᵐ e as trouxe a Lia, sua mãe. Então Raquel disse a Lia: "Dê-me algumas mandrágoras do seu filho".

¹⁵ Mas ela respondeu: "Não lhe foi suficienteⁿ tomar de mim o marido? Vai tomar também as mandrágoras que o meu filho trouxe?" Então disse Raquel: "Jacó se deitará com você esta noite, em troca das mandrágoras trazidas pelo seu filho".

¹⁶ Quando Jacó chegou do campo naquela tarde, Lia saiu ao seu encontro e lhe disse: "Hoje você me possuirá, pois eu comprei

---

¹ **30.3** Hebraico: *nos meus joelhos*.
² **30.11** Ou *"Uma tropa está vindo!"*
³ **30.14** Isto é, plantas tidas por afrodisíacas e capazes de favorecer a fertilidade feminina.

esse direito com as mandrágoras do meu filho". E naquela noite ele se deitou com ela.

¹⁷ Deus ouviu Lia,ᵒ e ela engravidou e deu a Jacó o quinto filho. ¹⁸ Disse Lia: "Deus me recompensou por ter dado a minha serva ao meu marido". Por isso deu-lhe o nome de Issacar.ᵖ

¹⁹ Lia engravidou de novo e deu a Jacó o sexto filho. ²⁰ Disse Lia: "Deus presenteou-me com uma dádiva preciosa. Agora meu marido me tratará melhor¹; afinal já lhe dei seis filhos". Por isso deu-lhe o nome de Zebulom.ᵠ

²¹ Algum tempo depois, ela deu à luz uma menina a quem chamou Diná.

²² Então Deus lembrou-se de Raquel.ʳ Deus ouviu o seu clamor e a tornou fértil.ˢ ²³ Ela engravidou, deu à luz um filhoᵗ e disse: "Deus tirou de mim a minha humilhação".ᵘ ²⁴ Deu-lhe o nome de Joséᵛ e disse: "Que o Senhor me acrescente ainda outro filho".ʷ

A Riqueza de Jacó

²⁵ Depois que Raquel deu à luz José, Jacó disse a Labão: "Deixe-me voltar para a minha terra natal.ˣ ²⁶ Dê-me as minhas mulheres, pelas quais o servi,ʸ e os meus filhos, e partirei. Você bem sabe quanto trabalhei para você".

²⁷ Mas Labão lhe disse: "Se mereço sua consideração, peço-lhe que fique. Por meio de adivinhação descobri que o Senhor me abençoou por sua causa. ²⁸ E acrescentou: "Diga o seu salário,ᵃ e eu lhe pagarei".

²⁹ Jacó lhe respondeu: "Você sabe quanto trabalhei para vocêᵇ e como os seus rebanhos cresceram sob os meus cuidados.ᶜ ³⁰ O pouco que você possuía antes da minha chegada aumentou muito, pois o Senhor o abençoou depois que vim para cá. Contudo, quando farei algo em favor da minha própria família?"ᵈ

³¹ Então Labão perguntou: "Que você quer que eu lhe dê?" "Não me dê coisa alguma", respondeu Jacó. "Voltarei a cuidar dos seus rebanhos se você concordar com o seguinte: ³² hoje passarei por todos os seus rebanhos e tirarei do meio deles todas as ovelhas salpicadas e pintadas, todos os cordeiros pretos e todas as cabras pintadas e salpicadas.ᵉ Eles serão o meu salário. ³³ E a minha honestidade dará testemunho de mim no futuro, toda vez que você resolver verificar o meu salário. Se estiver em meu poder alguma cabra que não seja salpicada ou pintada, e algum cordeiro que não seja preto, poderá considerá-los roubados."

³⁴ E disse Labão: "De acordo. Seja como você disse". ³⁵ Naquele mesmo dia, Labão separou todos os bodes que tinham listras² ou manchas brancas, todas as cabras que tinham pintas ou manchas brancas e todos os cordeiros pretos e os pôs aos cuidados de seus filhos.ᶠ ³⁶ Afastou-se então de Jacó, à distância equivalente a três dias de viagem, e Jacó continuou a apascentar o resto dos rebanhos de Labão.

³⁷ Jacó pegou galhos verdes de estoraque, amendoeira e plátano e neles fez listras brancas, descascando-os parcialmente e expondo assim a parte branca interna dos galhos. ³⁸ Depois fixou os galhos descascados junto aos bebedouros, na frente dos rebanhos, no lugar onde costumavam beber água. Na época do cio, os rebanhos vinham beber e ³⁹ se acasalavam diante dos galhos. E geravam filhotes listrados, salpicados e pintados. ⁴⁰ Jacó separava os filhotes do rebanho dos demais, e fazia com que esses ficassem juntos dos animais listrados e pretos de Labão. Assim foi formando o seu próprio rebanho que separou do de Labão. ⁴¹ Toda vez que as fêmeas mais fortes estavam no cio, Jacó colocava os galhos nos bebedouros, em frente dos animais, para que se acasalassem perto dos galhos; ⁴² mas, se os animais eram fracos, não os colocava ali. Desse modo, os animais fracos ficavam para Labão e os mais fortes para Jacó. ⁴³ Assim o homem ficou extremamente rico,

---

² **30.35** Ou *cauda retorcida*; também em 30.39, 40; 31.8, 10 e 12.

¹ **30.20** Ou *me honrará*

tornando-se dono de grandes rebanhos e de servos e servas, camelos e jumentos.^g

Jacó Foge de Labão

31 Jacó, porém, ouviu falar que os filhos de Labão estavam dizendo: "Jacó tomou tudo que o nosso pai tinha e juntou toda a sua riqueza à custa do nosso pai". ² E Jacó percebeu que a atitude de Labão para com ele já não era a mesma de antes.

³ E o Senhor disse a Jacó: "Volte^h para a terra de seus pais e de seus parentes, e eu estarei com você".ⁱ

⁴ Então Jacó mandou chamar Raquel e Lia para virem ao campo onde estavam os seus rebanhos, ⁵ e lhes disse: "Vejo que a atitude do seu pai para comigo não é mais a mesma, mas o Deus de meu pai tem estado comigo.^j ⁶ Vocês sabem que trabalhei para seu pai com todo o empenho,^k ⁷ mas ele tem me feito de tolo, mudando o meu salário dez vezes.^l Contudo, Deus não permitiu que ele me prejudicasse.^m ⁸ Se ele dizia: 'As crias salpicadas serão o seu salário,'ⁿ todos os rebanhos geravam filhotes salpicados; e, se ele dizia: 'As que têm listras serão o seu salário', todos os rebanhos geravam filhotes com listras. ⁹ Foi assim que Deus tirou os rebanhos de seu pai e os deu a mim.^o

¹⁰ "Na época do acasalamento, tive um sonho em que olhei e vi que os machos que fecundavam o rebanho tinham listras, eram salpicados e malhados. ¹¹ O Anjo de Deus^p me disse no sonho: 'Jacó!' Eu respondi: 'Eis-me aqui!' ¹² Então ele disse: 'Olhe e veja que todos os machos que fecundam o rebanho têm listras, são salpicados e malhados, porque tenho visto tudo o que Labão lhe fez.^q ¹³ Sou o Deus de Betel,^r onde você ungiu uma coluna e me fez um voto. Saia agora desta terra e volte para a sua terra natal' ".^s

¹⁴ Raquel e Lia disseram a Jacó: "Temos ainda parte na herança dos bens de nosso pai? ¹⁵ Não nos trata ele como estrangeiras? Não apenas nos vendeu como também gastou tudo o que foi pago por nós! ¹⁶ Toda a riqueza que Deus tirou de nosso pai é nossa e de nossos filhos. Portanto, faça tudo quanto Deus lhe ordenou".

¹⁷ Então Jacó ajudou seus filhos e suas mulheres a montar nos camelos, ¹⁸ e conduziu todo o seu rebanho, junto com todos os bens que havia acumulado em Padã-Arã¹, para ir à terra de Canaã,^v à casa de seu pai, Isaque.^u

¹⁹ Enquanto Labão tinha saído para tosquiar suas ovelhas, Raquel roubou de seu pai os ídolos do clã.^w ²⁰ Foi assim que Jacó enganou^x a Labão, o arameu, fugindo^y sem lhe dizer nada. ²¹ Ele fugiu com tudo o que tinha e, atravessando o Eufrates², foi para os montes de Gileade.^z

Labão Persegue Jacó

²² Três dias depois, Labão foi informado de que Jacó tinha fugido. ²³ Tomando consigo os homens de sua família, perseguiu Jacó por sete dias e o alcançou nos montes de Gileade. ²⁴ Então, de noite, Deus veio em sonho a Labão, o arameu, e o advertiu:^a "Cuidado! Não diga nada a Jacó, não lhe faça promessas nem ameaças".^b

²⁵ Labão alcançou Jacó, que estava acampado nos montes de Gileade. Então Labão e os homens se acamparam ali também. ²⁶ Ele perguntou a Jacó: "Que foi que você fez? Não só me enganou^c como também raptou minhas filhas como se fossem prisioneiras de guerra.^d ²⁷ Por que você me enganou, fugindo em segredo, sem avisar-me? Eu teria celebrado a sua partida com alegria e cantos, ao som dos tamborins^e e das harpas.^f ²⁸ Você nem sequer me deixou beijar meus netos e minhas filhas para despedir-me deles.^g Você foi insensato. ²⁹ Tenho poder para prejudicá-los;^h mas, na noite passada, o Deus do paiⁱ de vocês me advertiu: 'Cuidado! Não diga nada a Jacó, não lhe faça promessas nem ameaças'. ³⁰ Agora, se você partiu porque tinha saudade da casa de seu pai, por que roubou meus deuses?"^j

---

¹ **31.18** Provavelmente na região noroeste da Mesopotâmia; também em 33.18, 35.9 e 26.

² **31.21** Hebraico: *o Rio*.

³¹ Jacó respondeu a Labão: "Tive medo, pois pensei que você tiraria suas filhas de mim à força. ³² Quanto aos seus deuses, quem for encontrado com eles não ficará vivo.ᵏ Na presença dos nossos parentes, veja você mesmo se está aqui comigo qualquer coisa que lhe pertença, e, se estiver, leve-a de volta". Ora, Jacó não sabia que Raquel os havia roubado.

³³ Então Labão entrou na tenda de Jacó, e nas tendas de Lia e de suas duas servas, mas nada encontrou. Depois de sair da tenda de Lia, entrou na tenda de Raquel. ³⁴ Raquel tinha colocado os ídolos dentro da sela do seu camelo e estava sentada em cima. Labão vasculhouˡ toda a tenda, mas nada encontrou.

³⁵ Raquel disse ao pai: "Não se irrite, meu senhor, por não poder me levantar em sua presença,ᵐ pois estou com o fluxo das mulheres". Ele procurou os ídolos, mas não os encontrou.

³⁶ Jacó ficou irado e queixou-se a Labão: "Qual foi meu crime? Que pecado cometi para que você me persiga furiosamente? ³⁷ Você já vasculhou tudo o que me pertence. Encontrou algo que lhe pertença? Então coloque tudo aqui na frente dos meus parentesⁿ e dos seus, e que eles julguem entre nós dois.

³⁸ "Vinte anos estive com você. Suas ovelhas e cabras nunca abortaram, e jamais comi um só carneiro do seu rebanho. ³⁹ Eu nunca levava a você os animais despedaçados por feras; eu mesmo assumia o prejuízo. E você pedia contas de todo animal roubado de dia ou de noite.ᵒ ⁴⁰ O calor me consumia de dia, e o frio de noite, e o sono fugia dos meus olhos. ⁴¹ Foi assim nos vinte anos em que fiquei em sua casa. Trabalhei para você catorze anos em troca de suas duas filhasᵖ e seis anos por seus rebanhos, e dez vezesᵠ você alterou o meu salário. ⁴² Se o Deus de meu pai,ʳ o Deus de Abraão, o Temor de Isaque,ˢ não estivesse comigo,ᵗ certamente você me despediria de mãos vazias. Mas Deus viu o meu sofrimento e o trabalho das minhas mãos e,ᵘ na noite passada, ele manifestou a sua decisão".

O Acordo entre Labão e Jacó

⁴³ Labão respondeu a Jacó: "As mulheres são minhas filhas, os filhos são meus, os rebanhos são meus. Tudo o que você vê é meu. Que posso fazer por essas minhas filhas ou pelos filhos que delas nascerem? ⁴⁴ Façamos agora, eu e você, um acordoᵛ que sirva de testemunho entre nós dois".ʷ

⁴⁵ Então Jacó tomou uma pedra e a colocou em pé como coluna.ˣ ⁴⁶ E disse aos seus parentes: "Juntem algumas pedras". Eles apanharam pedras e as amontoaram. Depois comeram ali, ao lado do monte de pedras. ⁴⁷ Labão o chamou Jegar-Saaduta, e Jacó o chamou Galeede¹.

⁴⁸ Labão disse: "Este monte de pedras é uma testemunha entre mim e você, no dia de hoje". Por isso foi chamado Galeede. ⁴⁹ Foi também chamado Mispá²ʸ, porque ele declarou: "Que o Senhor nos vigie, a mim e a você, quando estivermos separados um do outro. ⁵⁰ Se você maltratar minhas filhas ou menosprezá-las, tomando outras mulheres além delas, ainda que ninguém saiba, lembre-se de que Deus é testemunhaᶻ entre mim e você".

⁵¹ Disse ainda Labão a Jacó: "Aqui estão este monte de pedras e esta colunaᵃ que coloquei entre mim e você. ⁵² São testemunhasᵇ de que não passarei para o lado de lá para prejudicá-lo, nem você passará para o lado de cá para prejudicar-me.ᶜ ⁵³ Que o Deus de Abraão,ᵈ o Deus de Naor, o Deus do pai deles, julgue³ entre nós".ᵉ

Então Jacó fez um juramentoᶠ em nome do Temor de seu pai, Isaque.ᵍ ⁵⁴ Ofereceu um sacrifício no monte e chamou os parentes que lá estavam para uma refeição. Depois de comerem, passaram a noite ali.

⁵⁵ Na manhã seguinte, Labão beijou seus netos e suas filhasʰ e os abençoou, e depois voltou para a sua terra.ⁱ

---

¹ **31.47** Tanto *Jegar-Saaduta* (aramaico) como *Galeede* (hebraico) significam *monte de pedras do testemunho*.
² **31.49** *Mispá* significa *torre de vigia*.
³ **31.53** Conforme a Septuaginta e o Pentateuco Samaritano. O Texto Massorético permite que o versículo seja entendido no plural.

Jacó Prepara-se para o Encontro com Esaú

32 Jacó também seguiu o seu caminho, e anjos de Deus[j] vieram ao encontro dele. ² Quando Jacó os avistou, disse: "Este é o exército de Deus!"[k] Por isso deu àquele lugar o nome de Maanaim¹.[l]

³ Jacó mandou mensageiros adiante dele a seu irmão Esaú,[m] na região de Seir, território de Edom.[n] ⁴ E lhes ordenou: "Vocês dirão o seguinte ao meu senhor Esaú: Assim diz teu servo Jacó: Morei na casa de Labão e com ele permaneci até agora. ⁵ Tenho bois e jumentos, ovelhas e cabras, servos e servas.[o] Envio agora esta mensagem ao meu senhor, para que me recebas bem".[p]

⁶ Quando os mensageiros voltaram a Jacó, disseram-lhe: "Fomos até seu irmão Esaú, e ele está vindo ao seu encontro, com quatrocentos homens".[q]

⁷ Jacó encheu-se de medo[r] e foi tomado de angústia. Então dividiu em dois grupos todos os que estavam com ele, bem como as ovelhas, as cabras, os bois e os camelos, ⁸ pois assim pensou: "Se Esaú vier e atacar um dos grupos, o outro poderá escapar".

⁹ Então Jacó orou: "Ó Deus de meu pai Abraão, Deus de meu pai Isaque,[s] ó Senhor que me disseste: 'Volte para a sua terra e para os seus parentes e eu o farei prosperar';[t] ¹⁰ não sou digno de toda a bondade e lealdade[u] com que trataste o teu servo. Quando atravessei o Jordão eu tinha apenas o meu cajado, mas agora possuo duas caravanas. ¹¹ Livra-me, rogo-te, das mãos de meu irmão Esaú, porque tenho medo que ele venha nos atacar,[v] tanto a mim como às mães e às crianças.[w] ¹² Pois tu prometeste: 'Esteja certo de que eu o farei prosperar e farei os seus descendentes tão numerosos como a areia do mar,[x] que não se pode contar'".[y]

¹³ Depois de passar ali a noite, escolheu entre os seus rebanhos um presente[z] para o seu irmão Esaú: ¹⁴ duzentas cabras e vinte bodes, duzentas ovelhas e vinte carneiros, ¹⁵ trinta fêmeas de camelo com seus filhotes, quarenta vacas e dez touros, vinte jumentas e dez jumentos. ¹⁶ Designou cada rebanho sob o cuidado de um servo e disse-lhes: "Vão à minha frente e mantenham certa distância entre um rebanho e outro".

¹⁷ Ao que ia à frente deu a seguinte instrução: "Quando meu irmão Esaú encontrar-se com você e lhe perguntar: 'A quem você pertence, para onde vai e de quem é todo este rebanho à sua frente?', ¹⁸ você responderá: É do teu servo[a] Jacó. É um presente para o meu senhor Esaú; e ele mesmo está vindo atrás de nós".

¹⁹ Também instruiu o segundo, o terceiro e todos os outros que acompanhavam os rebanhos: "Digam também a mesma coisa a Esaú quando o encontrarem. ²⁰ E acrescentem: Teu servo Jacó está vindo atrás de nós". Porque pensava: "Eu o apaziguarei com esses presentes que estou enviando antes de mim; mais tarde, quando eu o vir, talvez me receba".[b] ²¹ Assim os presentes de Jacó seguiram à sua frente; ele, porém, passou a noite no acampamento.

Jacó Luta com Deus

²² Naquela noite, Jacó levantou-se, tomou suas duas mulheres, suas duas servas e seus onze filhos para atravessar o lugar de passagem do Jaboque.[c] ²³ Depois de havê-los feito atravessar o ribeiro, fez passar também tudo o que possuía. ²⁴ E Jacó ficou sozinho. Então veio um homem[d] que se pôs a lutar com ele até o amanhecer. ²⁵ Quando o homem viu que não poderia dominar Jacó, tocou-lhe na articulação da coxa,[e] de forma que a deslocou enquanto lutavam. ²⁶ Então o homem disse: "Deixe-me ir, pois o dia já desponta". Mas Jacó lhe respondeu: "Não te deixarei ir, a não ser que me abençoes".[f]

²⁷ O homem lhe perguntou: "Qual é o seu nome?"

"Jacó²", respondeu ele.

---

¹ **32.2** Maanaim significa *dois exércitos*.
² **32.27** Jacó significa *ele agarra o calcanhar* ou *ele age traiçoeiramente*; também em 35.10.

²⁸ Então disse o homem: "Seu nome não será mais Jacó, mas sim Israel,¹ᵍ porque você lutou com Deus e com homens e venceu".

²⁹ Prosseguiu Jacó: "Peço-te que digas o teu nome".ʰ

Mas ele respondeu: "Por que pergunta o meu nome?"ⁱ E o abençoouʲ ali.

³⁰ Jacó chamou àquele lugar Peniel, pois disse: "Vi a Deus face a faceᵏ e, todavia, minha vida foi poupada".

³¹ Ao nascer do sol, atravessou Peniel, mancando por causa da coxa. ³² Por isso, até o dia de hoje, os israelitas não comem o músculo ligado à articulação do quadril, porque nesse músculo Jacó foi ferido.

O Encontro de Esaú e Jacó

33 Quando Jacó olhou e viu que Esaú estava se aproximando com quatrocentos homens,ˡ dividiu as crianças entre Lia, Raquel e as duas servas. ² Colocou as servas e os seus filhos à frente; Lia e seus filhos, depois; e Raquel com José, por último. ³ Ele mesmo passou à frente e, ao aproximar-se do seu irmão, curvou-se até o chão sete vezes.ᵐ

⁴ Mas Esaú correu ao encontro de Jacó e abraçou-se ao seu pescoço, e o beijou. E eles choraram.ⁿ ⁵ Então Esaú ergueu o olhar e viu as mulheres e as crianças. E perguntou: "Quem são estes?"

Jacó respondeu: "São os filhos que Deus concedeu ao teu servo".ᵒ

⁶ Então as servas e os seus filhos se aproximaram e se curvaram. ⁷ Depois, Lia e os seus filhos vieram e se curvaram. Por último, chegaram José e Raquel, e também se curvaram.

⁸ Esaú perguntou: "O que você pretende com todos os rebanhos que encontrei pelo caminho?"ᵖ

"Ser bem recebido por ti, meu senhor",ᑫ respondeu Jacó.

⁹ Disse, porém, Esaú: "Eu já tenho muito, meu irmão. Guarde para você o que é seu".

---

¹ *32.28 Israel* significa *ele luta com Deus*; também em 35.10.

¹⁰ Mas Jacó insistiu: "Não! Se te agradaste de mim, aceita este presente de minha parte, porque ver a tua face é como contemplar a face de Deus;ʳ além disso, tu me recebeste tão bem!ˢ ¹¹ Aceita, pois, o presenteᵗ que te foi trazido, pois Deus tem sido favorável para comigo,ᵘ e eu já tenho tudo o que necessito". Jacó tanto insistiu que Esaú acabou aceitando.

¹² Então disse Esaú: "Vamos seguir em frente. Eu o acompanharei".

¹³ Jacó, porém, lhe disse: "Meu senhor sabe que as crianças são frágeis e que estão sob os meus cuidados ovelhas e vacas que amamentam suas crias. Se forçá-las demais na caminhada, um só dia que seja, todo o rebanho morrerá. ¹⁴ Por isso, meu senhor, vai à frente do teu servo, e eu sigo atrás, devagar, no passo dos rebanhos e das crianças, até que eu chegue ao meu senhor em Seir".ᵛ

¹⁵ Esaú sugeriu: "Permita-me, então, deixar alguns homens com você".

Jacó perguntou: "Mas para quê, meu senhor?ʷ Ter sido bem recebido já me foi suficiente!"

¹⁶ Naquele dia, Esaú voltou para Seir. ¹⁷ Jacó, todavia, foi para Sucote,ˣ onde construiu uma casa para si e abrigos para o seu gado. Foi por isso que o lugar recebeu o nome de Sucote.

¹⁸ Tendo voltado de Padã-Arã,ʸ Jacó chegou a salvo à² cidade de Siquém,ᶻ em Canaã, e acampou próximo da cidade. ¹⁹ Por cem peças de prata³ comprou dos filhos de Hamor, pai de Siquém,ᵃ a parte do campoᵇ onde tinha armado acampamento. ²⁰ Ali edificou um altar e lhe chamou El Elohe Israel⁴.

O Conflito entre os Filhos de Jacó e os Siquemitas

34 Certa vez, Diná,ᶜ a filha que Lia dera a Jacó, saiu para conhecer as mulheres daquela terra. ² Siquém, filho de Hamor,

---

² *33.18* Ou *chegou a Salém, uma cidade de Siquém*.

³ *33.19* Hebraico: *100 quesitas*. Uma *quesita* era uma unidade monetária de peso e valor desconhecidos.

⁴ *33.20* Isto é, *Deus, o Deus de Israel* ou *poderoso é o Deus de Israel*.

32.28
ᵍGn 17.5; 35.10; 1Rs 18.31

32.29
ʰJz 13.17
ⁱJz 13.18
ʲGn 35.9

32.30
ᵏGn 16.13; Ex 24.11; Nm 12.8; Jz 6.22; 13.22

33.1
ˡGn 32.6

33.3
ᵐGn 18.2; 42.6

33.4
ⁿGn 45.14-15

33.5
ᵒGn 48.9; Sl 127.3; Is 8.18

33.8
ᵖGn 32.14-16
ᑫGn 24.9; 32.5

33.10
ʳGn 16.13
ˢGn 32.20

33.11
ᵗ1Sm 25.27
ᵘGn 30.43

33.14
ᵛGn 32.3

33.15
ʷGn 34.11; 47.25; Rt 2.13

33.17
ˣJs 13.27; Jz 8.5, 6, 8 14.16; Sl 60.6

33.18
ʸGn 25.20; 28.2
ᶻJs 24.1; Jz 9.1

33.19
ᵃJs 24.32

33.19
ᵇJo 4.5

34.1
ᶜGn 30.21

o heveu, governador daquela região, viu-a, agarrou-a e a violentou. ³ Mas o seu coração foi atraído por Diná, filha de Jacó, e ele amou a moça e falou-lhe com ternura. ⁴ Por isso Siquém foi dizer a Hamor, seu pai: "Consiga-me aquela moça para que seja minha mulher".

⁵ Quando Jacó soube que sua filha Diná tinha sido desonrada, seus filhos estavam no campo, com os rebanhos; por isso esperou calado até que regressassem.

⁶ Então Hamor, pai de Siquém, foi conversar com Jacó.ᵈ ⁷ Quando os filhos de Jacó voltaram do campo e souberam de tudo, ficaram profundamente entristecidos e irados, porque Siquém tinha cometido um ato vergonhoso em¹ Israel,ᵉ ao deitar-se com a filha de Jacó — coisa que não se faz.ᶠ

⁸ Mas Hamor lhes disse: "Meu filho Siquém apaixonou-se pela filha de vocês. Por favor, entreguem-na a ele para que seja sua mulher. ⁹ Casem-se entre nós; deem-nos suas filhas e tomem para vocês as nossas. ¹⁰ Estabeleçam-se entre nós.ᵍ A terra está aberta para vocês:ʰ habitem-na, façam comércio²ⁱ nela e adquiram propriedades".

¹¹ Então Siquém disse ao pai e aos irmãos de Diná: "Concedam-me este favor, e eu lhes darei o que me pedirem. ¹² Aumentem quanto quiserem o preço e o presente pela noiva,ʲ e pagarei o que me pedirem. Tão somente me deem a moça por mulher".

¹³ Os filhos de Jacó, porém, responderam com falsidade a Siquém e a seu pai, Hamor, por ter Siquém desonrado Diná, a irmã deles. ¹⁴ Disseram: "Não podemos fazer isso; jamais entregaremos nossa irmã a um homem que não seja circuncidado.ᵏ Seria uma vergonha para nós. ¹⁵ Daremos nosso consentimento a vocês com uma condição: que vocês se tornem como nós, circuncidando todos os do sexo masculino.ˡ ¹⁶ Só então lhes daremos as nossas filhas e poderemos casar-nos com as suas. Nós nos estabeleceremos entre vocês e seremos um só povo. ¹⁷ Mas, se não aceitarem circuncidar-se, tomaremos nossa irmã³ e partiremos". ¹⁸ A proposta deles pareceu boa a Hamor e a seu filho Siquém. ¹⁹ O jovem, que era o mais respeitado de todos os da casa de seu pai, não demorou em cumprir o que pediram, porque realmente gostava da filha de Jacó.ᵐ

²⁰ Assim Hamor e seu filho Siquém dirigiram-se à porta da cidadeⁿ para conversar com os seus concidadãos. E disseram: ²¹ "Esses homens são de paz. Permitam que eles habitem em nossa terra e façam comércio entre nós; a terra tem bastante lugar para eles. Poderemos casar com as suas filhas, e eles com as nossas. ²² Mas eles só consentirão em viver conosco como um só povo sob a condição de que todos os nossos homens sejam circuncidados, como eles. ²³ Lembrem-se de que os seus rebanhos, os seus bens e todos os seus outros animais passarão a ser nossos. Aceitemos então a condição para que se estabeleçam em nosso meio".

²⁴ Todos os que saíram para reunir-se à porta da cidadeᵒ concordaram com Hamor e com seu filho Siquém, e todos os homens e meninos da cidade foram circuncidados.

²⁵ Três dias depois, quando ainda sofriam dores, dois filhos de Jacó, Simeão e Levi, irmãos de Diná, pegaram suas espadasᵖ e atacaram a cidade desprevenida, matando todos os homens.ᵠ ²⁶ Mataram ao fio da espada Hamor e seu filho Siquém, tiraram Diná da casa de Siquém e partiram. ²⁷ Vieram então os outros filhos de Jacó e, passando pelos corpos, saquearam a cidade onde⁴ sua irmã tinha sido desonrada. ²⁸ Apoderaram-se das ovelhas, dos bois e dos jumentos, e de tudo o que havia na cidade e no campo. ²⁹ Levaram as mulheres e as crianças, e saquearam todos os bens e tudo o que havia nas casas.

---

¹ **34.7** Ou *contra*
² **34.10** Ou *movam-se livremente*; também no versículo 21.
³ **34.17** Hebraico: *filha*.
⁴ **34.27** Ou *porque*

³⁰ Então Jacó disse a Simeão e a Levi: "Vocês me puseram em grandes apuros,ʳ atraindo sobre mim o ódio¹ dos cananeus e dos ferezeus, habitantes desta terra.ˢ Somos poucosᵗ, e, se eles juntarem suas forças e nos atacarem, eu e a minha família seremos destruídos".

³¹ Mas eles responderam: "Está certo ele tratar nossa irmã como uma prostituta?"

O Retorno de Jacó a Betel

35 Deus disse a Jacó: "Suba a Betel²ᵘ e estabeleça-se lá, e faça um altar ao Deus que lhe apareceu quando você fugia do seu irmão, Esaú".ᵛ

² Disse, pois, Jacó aos de sua casaʷ e a todos os que estavam com ele: "Livrem-se dos deuses estrangeirosˣ que estão entre vocês, purifiquem-se e troquem de roupa.ʸ ³ Venham! Vamos subir a Betel, onde farei um altar ao Deus que me ouviu no dia da minha angústiaᶻ e que tem estado comigo por onde tenho andado".ᵃ ⁴ Então entregaram a Jacó todos os deuses estrangeiros que possuíam e os brincos que usavam nas orelhas, e Jacó os enterrou ao pé da grande árvore, próximo a Siquém.ᵇ ⁵ Quando eles partiram, o terror de Deusᶜ caiu de tal maneira sobre as cidades ao redor que ninguém ousou perseguir os filhos de Jacó.

⁶ Jacó e todos os que com ele estavam chegaram a Luz,ᵈ que é Betel, na terra de Canaã. ⁷ Nesse lugar construiu um altar e lhe deu o nome de El-Betel³ᵉ, porque ali Deus havia se reveladoⁿ a ele, quando fugia do seu irmão.

⁸ Débora, ama de Rebeca,ᶠ morreu e foi sepultada perto de Betel, ao pé do Carvalho, que por isso foi chamado Alom-Bacute⁵.

⁹ Depois que Jacó retornou de Padã-Arã, Deus lhe apareceu de novo e o abençoou,ᵍ ¹⁰ dizendo: "Seu nome é Jacó, mas você não será mais chamado Jacó; seu nome será Israel".ʰ Assim lhe deu o nome de Israel.

¹¹ E Deus ainda lhe disse: "Eu sou o Deus todo-poderoso⁶ⁱ; seja prolífero e multiplique-se. De você procederão uma naçãoʲ e uma comunidade de nações, e reis estarão entre os seus descendentes.ᵏ ¹² A terra que dei a Abraão e a Isaque, dou a você; e também aos seus futuros descendentes darei esta terra".ˡᵐ ¹³ A seguir, Deus elevou-seⁿ do lugar onde estivera falando com Jacó.

¹⁴ Jacó levantou uma coluna de pedra no lugar em que Deus lhe falara, e derramou sobre ela uma oferta de bebidas⁷ e a ungiu com óleo.ᵒ ¹⁵ Jacó deu o nome de Betel ao lugar onde Deus tinha falado com ele.ᵖ

A Morte de Isaque e de Raquel

¹⁶ Eles partiram de Betel, e, quando ainda estavam a certa distância de Efrata, Raquel começou a dar à luz com grande dificuldade. ¹⁷ E, enquanto sofria muito, tentando dar à luz, a parteira lhe disse: "Não tenha medo, pois você ainda terá outro menino".ᵠ ¹⁸ Já a ponto de sair-lhe a vida, quando estava morrendo, deu ao filho o nome de Benoni⁸. Mas o pai deu-lhe o nome de Benjamim⁹.

¹⁹ Assim morreu Raquel, e foi sepultada junto do caminho de Efrata, que é Belém.ʳ ²⁰ Sobre a sua sepultura Jacó levantou uma coluna, e até o dia de hoje aquela coluna marca o túmulo de Raquel.ˢ

²¹ Israel partiu novamente e armou acampamento adiante de Migdal-Éder¹⁰. ²² Na época em que Israel vivia naquela região, Rúben deitou-seᵗ com Bila,ᵘ concubina de seu pai. E Israel ficou sabendo disso.

Jacó teve doze filhos:

²³ Estes foram seus filhos com Lia:
Rúben, o filho mais velhoᵛ de Jacó,
Simeão, Levi, Judá,ʷ Issacar e Zebulomˣ

---

¹ **34.30** Hebraico: *transformando-me em mau cheiro para os*.
² **35.1** *Betel* significa *casa de Deus*.
³ **35.7** *El-Betel* significa *Deus de Betel*.
⁴ **35.7** Ou *ali os seres celestiais se revelaram*.
⁵ **35.8** *Alom-Bacute* significa *carvalho do pranto*.
⁶ **35.11** Hebraico: *El-Shaddai*.
⁷ **35.14** Veja Nm 28.7.
⁸ **35.18** *Benoni* significa *filho da minha aflição*.
⁹ **35.18** *Benjamim* significa *filho da minha direita*.
¹⁰ **35.21** *Migdal-Éder* significa *torre do rebanho*.

24 Estes foram seus filhos com Raquel:
José[y] e Benjamim.[z]

25 Estes foram seus filhos com Bila, serva de Raquel:
Dã e Naftali.[a]

26 Estes foram seus filhos com Zilpa, serva de Lia:
Gade[b] e Aser.[c]

Foram esses os filhos de Jacó, nascidos em Padã-Arã.

27 Depois Jacó foi visitar seu pai Isaque em Manre,[d] perto de Quiriate-Arba,[e] que é Hebrom, onde Abraão e Isaque tinham morado. **28** Isaque viveu cento e oitenta anos.[f] **29** Morreu em idade bem avançada[h] e foi reunido aos seus antepassados.[g] E seus filhos, Esaú e Jacó, o sepultaram.[i]

Os Descendentes de Esaú

36 Esta é a história da família de Esaú, que é Edom.[j]

2 Esaú casou-se com mulheres de Canaã:[k] com Ada, filha de Elom, o hitita,[l] e com Oolibama, filha de Aná[m] e neta de Zibeão, o heveu; **3** e também com Basemate, filha de Ismael e irmã de Nebaiote.

4 Ada deu a Esaú um filho chamado Elifaz; Basemate deu-lhe Reuel;[n] **5** e Oolibama deu-lhe Jeús, Jalão e Corá. Esses foram os filhos de Esaú que lhe nasceram em Canaã.

6 Esaú tomou suas mulheres, seus filhos e filhas e todos os de sua casa, assim como os seus rebanhos, todos os outros animais e todos os bens que havia adquirido em Canaã,[o] e foi para outra região, para longe do seu irmão Jacó. **7** Os seus bens eram tantos que eles já não podiam morar juntos; a terra onde estavam vivendo não podia sustentá-los, por causa dos seus rebanhos.[p] **8** Por isso Esaú,[q] que é Edom, fixou-se nos montes de Seir.[r]

9 Este é o registro da descendência de Esaú, pai dos edomitas, nos montes de Seir.

10 Estes são os nomes dos filhos de Esaú:
Elifaz, filho de Ada, mulher de Esaú; e Reuel, filho de Basemate, mulher de Esaú.

11 Estes foram os filhos de Elifaz:[s]
Temã,[t] Omar, Zefô, Gaetã e Quenaz.

12 Elifaz, filho de Esaú, tinha uma concubina chamada Timna, que lhe deu um filho chamado Amaleque.[u] Foram esses os netos de Ada,[v] mulher de Esaú.

13 Estes foram os filhos de Reuel:
Naate, Zerá, Samá e Mizá. Foram esses os netos de Basemate, mulher de Esaú.

14 Estes foram os filhos de Oolibama, mulher de Esaú, filha de Aná e neta de Zibeão, os quais ela deu a Esaú:
Jeús, Jalão e Corá.

15 Foram estes os chefes[w] dentre os descendentes de Esaú:
Os filhos de Elifaz, filho mais velho de Esaú:
Temã,[x] Omar, Zefô, Quenaz, **16** Corá[1], Gaetã e Amaleque. Foram esses os chefes descendentes de Elifaz em Edom; eram netos de Ada.[y]

17 Foram estes os filhos de Reuel,[z] filho de Esaú:
Os chefes Naate, Zerá, Samá e Mizá. Foram esses os chefes descendentes de Reuel em Edom; netos de Basemate, mulher de Esaú.

18 Foram estes os filhos de Oolibama, mulher de Esaú:
Os chefes Jeús, Jalão e Corá. Foram esses os chefes descendentes de Oolibama, mulher de Esaú, filha de Aná.

19 Foram esses os filhos de Esaú, que é Edom,[a] e esses foram os seus chefes.

Os Descendentes de Seir

20 Estes foram os filhos de Seir, o horeu,[b] que estavam habitando aquela região: Lotã, Sobal, Zibeão e Aná, **21** Disom, Ézer e Disã. Esses filhos de Seir foram chefes dos horeus no território de Edom.

22 Estes foram os filhos de Lotã:
Hori e Hemã. Timna era irmã de Lotã.

23 Estes foram os filhos de Sobal:
Alvã, Manaate, Ebal, Sefô e Onã.

24 Estes foram os filhos de Zibeão:
Aiá e Aná. Foi esse Aná que descobriu as fontes de águas quentes[2] no deserto, quando

---

[1] **36.16** Alguns manuscritos não trazem *Corá*. Veja também o versículo 11 e 1Cr 1.36.

[2] **36.24** Ou *descobriu água*

levava para pastar os jumentos de Zibeão, seu pai.

²⁵ Estes foram os filhos de Aná:
Disom e Oolibama, a filha de Aná.
²⁶ Estes foram os filhos de Disom:
Hendã, Esbã, Itrã e Querã.
²⁷ Estes foram os filhos de Ézer:
Bilã, Zaavã e Acã.
²⁸ Estes foram os filhos de Disã:
Uz e Arã.
²⁹ Estes foram os chefes dos horeus:
Lotã, Sobal, Zibeão, Aná, ³⁰ Disom, Ézer e Disã. Esses foram os chefes dos horeus, de acordo com as suas divisões tribais na região de Seir.

Os Reis e os Chefes de Edom

³¹ Estes foram os reis que reinaram no território de Edom antes de haver rei*ᶜ* entre os israelitas:
³² Belá, filho de Beor, reinou em Edom. Sua cidade chamava-se Dinabá. ³³ Quando Belá morreu, foi sucedido por Jobabe, filho de Zerá, de Bozra.*ᵈ*
³⁴ Jobabe morreu, e Husã, da terra dos temanitas,*ᵉ* foi o seu sucessor.
³⁵ Husã morreu, e Hadade, filho de Bedade, que tinha derrotado os midianitas na terra de Moabe,*ᶠ* foi o seu sucessor. Sua cidade chamava-se Avite.
³⁶ Hadade morreu, e Samlá de Masreca foi o seu sucessor.
³⁷ Samlá morreu, e Saul, de Reobote, próxima ao Eufrates¹, foi o seu sucessor.
³⁸ Saul morreu, e Baal-Hanã, filho de Acbor, foi o seu sucessor.
³⁹ Baal-Hanã, filho de Acbor, morreu, e Hadade² foi o seu sucessor. Sua cidade chamava-se Paú, e o nome de sua mulher era Meetabel, filha de Matrede, neta de Mezaabe.
⁴⁰ Estes foram os chefes descendentes de Esaú, conforme os seus nomes, clãs e regiões:
Timna, Alva, Jetete, ⁴¹ Oolibama, Elá, Pinom, ⁴² Quenaz, Temã, Mibzar, ⁴³ Magdiel e Irã. Foram esses os chefes de Edom; cada um deles fixou-se numa região da terra que ocuparam.

Os edomitas eram descendentes de Esaú.

Os Sonhos de José

37 Jacó habitou na terra de Canaã,*ᵍ* onde seu pai tinha vivido*ʰ* como estrangeiro.

² Esta é a história da família de Jacó:
Quando José tinha dezessete anos, pastoreava os rebanhos*ⁱ* com os seus irmãos. Ajudava os filhos de Bila*ʲ* e os filhos de Zilpa,*ᵏ* mulheres de seu pai; e contava*ˡ* ao pai a má fama deles.

³ Ora, Israel gostava mais de José do que de qualquer outro filho,*ᵐ* porque lhe havia nascido em sua velhice;*ⁿ* por isso mandou fazer para ele uma túnica*ᵒ* longa³. ⁴ Quando os seus irmãos viram que o pai gostava mais dele do que de qualquer outro filho, odiaram-no*ᵖ* e não conseguiam falar com ele amigavelmente.

⁵ Certa vez, José teve um sonho*ᑫ* e, quando o contou a seus irmãos, eles passaram a odiá-lo ainda mais.

⁶ "Ouçam o sonho que tive", disse-lhes. ⁷ "Estávamos amarrando os feixes de trigo no campo, quando o meu feixe se levantou e ficou em pé, e os seus feixes se ajuntaram ao redor do meu e se curvaram diante dele."*ʳ*

⁸ Seus irmãos lhe disseram: "Então você vai reinar sobre nós? Quer dizer que você vai nos governar?"*ˢ* E o odiaram ainda mais, por causa do sonho e do que tinha dito.

⁹ Depois teve outro sonho e o contou aos seus irmãos: "Tive outro sonho, e desta vez o sol, a lua e onze estrelas se curvavam diante de mim".

¹⁰ Quando o contou ao pai e aos irmãos, o pai o repreendeu e lhe disse: "Que sonho foi esse que você teve? Será que eu, sua mãe, e seus irmãos*ᵗ* viremos a nos curvar até o chão diante de você?"*ᵘ* ¹¹ Assim seus irmãos tiveram ciúmes dele;*ᵛ* o pai, no entanto, refletia naquilo.*ʷ*

---

¹ **36.37** Hebraico: *ao Rio*.
² **36.39** Vários manuscritos dizem *Hadar*. Veja 1Cr 1.50.
³ **37.3** Ou *de diversas cores*; também nos versículos 23 e 32.

36.31
ᶜ Gn 17.6;
1Cr 1.43
36.33
ᵈ Jr 49.13, 22
36.34
ᵉ Ez 25.13
36.35
ᶠ Gn 19.37;
Nm 22.1;
Dt 1.5;
Rt 1.1, 6
37.1
ᵍ Gn 17.8
ʰ Gn 10.19
37.2
ⁱ Sl 78.71
ʲ Gn 35.25
ᵏ Gn 35.26
ˡ 1Sm 2.24
37.3
ᵐ Gn 25.28
ⁿ Gn 44.20
ᵒ 2Sm 13.18-19
37.4
ᵖ Gn 27.41;
49.22-23;
At 7.9
37.5
ᑫ Gn 20.3;
28.12
37.7
ʳ Gn 42.6, 9;
43.26, 28;
44.14; 50.18
37.10
ˢ v. 5;
ᵗ v. 7;
Gn 27.29
37.11
ᵛ At 7.9
ʷ Lc 2.19, 51

Vendido pelos Irmãos

12 Os irmãos de José tinham ido cuidar dos rebanhos do pai, perto de Siquém, **13** e Israel disse a José: "Como você sabe, seus irmãos estão apascentando os rebanhos perto de Siquém. Quero que você vá até lá".

"Sim, senhor", respondeu ele.

14 Disse-lhe o pai: "Vá ver se está tudo bem com os seus irmãos e com os rebanhos, e traga-me notícias". Jacó o enviou quando estava no vale de Hebrom.^{x}

Mas José se perdeu quando se aproximava de Siquém; **15** um homem o encontrou vagueando pelos campos e lhe perguntou: "Que é que você está procurando?"

16 Ele respondeu: "Procuro meus irmãos. Pode me dizer onde eles estão apascentando os rebanhos?"

17 Respondeu o homem: "Eles já partiram daqui. Eu os ouvi dizer: 'Vamos para Dotã'".^{y}

Assim José foi em busca dos seus irmãos e os encontrou perto de Dotã. **18** Mas eles o viram de longe e, antes que chegasse, planejaram matá-lo.^{z}

19 "Lá vem aquele sonhador!", diziam uns aos outros. **20** "É agora! Vamos matá-lo e jogá-lo num destes poços,^{a} e diremos que um animal selvagem o devorou. Veremos então o que será dos seus sonhos".^{b}

21 Quando Rúben ouviu isso, tentou livrá-lo das mãos deles, dizendo: "Não lhe tiremos a vida!" **22** E acrescentou:^{c} "Não derramem sangue. Joguem-no naquele poço^d no deserto, mas não toquem nele". Rúben propôs isso com a intenção de livrá-lo e levá-lo de volta ao pai.

23 Chegando José, seus irmãos lhe arrancaram a túnica longa, **24** agarraram-no e o jogaram no poço, que estava vazio e sem água.

25 Ao se assentarem para comer, viram ao longe uma caravana de ismaelitas que vinha de Gileade. Seus camelos estavam carregados de especiarias, bálsamo e mirra,^{e} que eles levavam para o Egito.^{f}

26 Judá disse então a seus irmãos: "Que ganharemos se matarmos o nosso irmão e escondermos o seu sangue?^{g} **27** Vamos vendê-lo aos ismaelitas. Não tocaremos nele, afinal é nosso irmão,^{h} é nosso próprio sangue^1". E seus irmãos concordaram.

28 Quando os mercadores ismaelitas de Midiã^i se aproximaram, seus irmãos tiraram José do poço e o venderam por vinte peças de prata aos ismaelitas, que o levaram para o Egito.^{j}

29 Quando Rúben voltou ao poço e viu que José não estava lá, rasgou suas vestes^k **30** e, voltando a seus irmãos, disse: "O jovem não está lá! Para onde irei agora?"^{l}

31 Então eles mataram um bode, mergulharam no sangue a túnica de José^m **32** e a mandaram ao pai com este recado: "Achamos isto. Veja se é a túnica de teu filho".

33 Ele a reconheceu e disse: "É a túnica de meu filho! Um animal selvagem o devorou!^{n} José foi despedaçado!"^{o}

34 Então Jacó rasgou suas vestes,^{p} vestiu-se de pano de saco^q e chorou muitos dias^r por seu filho. **35** Todos os seus filhos e filhas vieram consolá-lo, mas ele recusou ser consolado, dizendo: "Não! Chorando descerei à sepultura^{2s} para junto de meu filho". E continuou a chorar por ele.

36 Nesse meio-tempo, no Egito, os midianitas venderam José a Potifar, oficial do faraó e capitão da guarda.^{t}

A História de Judá e Tamar

38 Por essa época, Judá deixou seus irmãos e passou a viver na casa de um homem de Adulão, chamado Hira. **2** Ali Judá encontrou a filha de um cananeu chamado Suá^u e casou-se com ela. Ele a possuiu, **3** ela engravidou e deu à luz um filho, ao qual ele deu o nome de Er.^{v} **4** Tornou a engravidar, teve um filho e deu-lhe o nome de Onã. **5** Quando estava em Quezibe, ela teve ainda outro filho e chamou-o Selá.

---

^{1} **37.27** Hebraico: *nossa carne*.

^{2} **37.35** Hebraico: *Sheol*. Essa palavra também pode ser traduzida por *profundezas*, *pó* ou *morte*.

⁶ Judá escolheu uma mulher chamada Tamar para Er, seu filho mais velho. ⁷ Mas o Senhor reprovou a conduta perversa de Er, filho mais velho de Judá, e por isso o matou.ʷ

⁸ Então Judá disse a Onã: "Case-se com a mulher do seu irmão, cumpra as suas obrigações de cunhado para com ela e dê uma descendência a seu irmão".ˣ ⁹ Mas Onã sabia que a descendência não seria sua; assim, toda vez que possuía a mulher do seu irmão, derramava o sêmen no chão para evitar que seu irmão tivesse descendência. ¹⁰ O Senhor reprovou o que ele fazia, e por isso o matou também.ʸ

¹¹ Disse então Judá à sua nora Tamar: "More como viúva na casa de seu pai até que o meu filho Selá cresça"ᶻ, porque temia que ele viesse a morrer, como os seus irmãos. Assim Tamar foi morar na casa do pai.

¹² Tempos depois morreu a mulher de Judá, filha de Suá. Passado o luto, Judá foi ver os tosquiadores do seu rebanho em Timnaᵃ com o seu amigo Hira, o adulamita. ¹³ Quando foi dito a Tamar: "Seu sogro está a caminho de Timna para tosquiar suas ovelhas", ¹⁴ ela trocou suas roupas de viúva, cobriu-se com um véu para se disfarçar e foi sentar-se à entrada de Enaim, que fica no caminho de Timna. Ela fez isso porque viu que, embora Seláᵇ já fosse crescido, ela não lhe tinha sido dada em casamento.

¹⁵ Quando a viu, Judá pensou que fosse uma prostituta, porque ela havia encoberto o rosto. ¹⁶ Não sabendo que era a sua nora,ᶜ dirigiu-se a ela, à beira da estrada, e disse: "Venha cá, quero deitar-me com você".

Ela lhe perguntou: "O que você me dará para deitar-se comigo?" ¹⁷ Disse ele: "Eu lhe mandarei um cabritinhoᵈ do meu rebanho".

E ela perguntou: "Você me deixará alguma coisa como garantiaᵉ até que o mande?" ¹⁸ Disse Judá: "Que garantia devo dar-lhe?"

Respondeu ela: "O seu seloᶠ com o cordão, e o cajado que você tem na mão". Ele os entregou e a possuiu, e Tamar engravidou dele. ¹⁹ Ela se foi, tirou o véu e tornou a vestir as roupas de viúva.ᵍ

²⁰ Judá mandou o cabritinho por meio de seu amigo adulamita, a fim de reaver da mulher sua garantia, mas ele não a encontrou, ²¹ e perguntou aos homens do lugar: "Onde está a prostituta cultual que costuma ficar à beira do caminho de Enaim?"

Eles responderam: "Aqui não há nenhuma prostituta cultual".ʰ

²² Assim ele voltou a Judá e disse: "Não a encontrei. Além disso, os homens do lugar disseram que lá não há nenhuma prostituta cultual".

²³ Disse Judá: "Fique ela com o que lhe dei. Não quero que nos tornemos objeto de zombaria. Afinal de contas, mandei a ela este cabritinho, mas você não a encontrou".

²⁴ Cerca de três meses mais tarde, disseram a Judá: "Sua nora Tamar prostituiu-se, e na sua prostituição ficou grávida".

Disse Judá: "Tragam-na para fora e queimem-na viva!"ⁱ

²⁵ Quando ela estava sendo levada para fora, mandou o seguinte recado ao sogro: "Estou grávida do homem que é dono destas coisas". E acrescentou: "Veja se o senhor reconhece a quem pertencem este selo, este cordão e este cajado".ʲ

²⁶ Judá os reconheceu e disse: "Ela é mais justa do que eu,ᵏ pois eu devia tê-la entregue a meu filho Selá".ˡ E não voltou a ter relações com ela.

²⁷ Quando lhe chegou a época de dar à luz, havia gêmeos em seu ventre.ᵐ ²⁸ Enquanto ela dava à luz, um deles pôs a mão para fora; então a parteira pegou um fio vermelho e amarrou o pulso do menino, dizendo: "Este saiu primeiro". ²⁹ Mas, quando ele recolheu a mão, seu irmão saiu, e ela disse: "Então você conseguiu uma brecha para sair!" E deu-lhe o nome de Perez.ⁿ ³⁰ Depois saiu seu irmão que estava com o fio vermelho no pulso, e foi-lhe dado o nome de Zerá.ᵒ

José é Assediado pela Mulher de Potifar

39 José havia sido levado para o Egito, onde o egípcio Potifar, oficial do faraó e capitão da guarda,[p] comprou-o dos ismaelitas que o tinham levado para lá.[q]

² O Senhor estava com José,[r] de modo que este prosperou e passou a morar na casa do seu senhor egípcio. ³ Quando este percebeu que o Senhor estava com ele[s] e que o fazia prosperar em tudo o que realizava,[t] ⁴ agradou-se de José e tornou-o administrador de seus bens. Potifar deixou a seu cuidado a sua casa e lhe confiou tudo o que possuía.[u] ⁵ Desde que o deixou cuidando de sua casa e de todos os seus bens, o Senhor abençoou a casa do egípcio por causa de José.[v] A bênção do Senhor estava sobre tudo o que Potifar possuía, tanto em casa como no campo. ⁶ Assim, deixou ele aos cuidados de José tudo o que tinha, e não se preocupava com coisa alguma, exceto com sua própria comida.

José era atraente e de boa aparência,[w] ⁷ e, depois de certo tempo, a mulher do seu senhor começou a cobiçá-lo e o convidou: "Venha, deite-se comigo!"[x] ⁸ Mas ele se recusou[y] e lhe disse: "Meu senhor não se preocupa com coisa alguma de sua casa, e tudo o que tem deixou aos meus cuidados. ⁹ Ninguém desta casa está acima de mim.[z] Ele nada me negou, a não ser a senhora, porque é a mulher dele. Como poderia eu, então, cometer algo tão perverso e pecar contra Deus?"[a] ¹⁰ Assim, embora ela insistisse com José dia após dia, ele se recusava a deitar-se com ela e evitava ficar perto dela.

¹¹ Um dia ele entrou na casa para fazer suas tarefas, e nenhum dos empregados ali se encontrava. ¹² Ela o agarrou pelo manto[b] e voltou a convidá-lo: "Vamos, deite-se comigo!" Mas ele fugiu da casa, deixando o manto na mão dela.

¹³ Quando ela viu que, ao fugir, ele tinha deixado o manto em sua mão, ¹⁴ chamou os empregados e lhes disse: "Vejam, este hebreu nos foi trazido para nos insultar! Ele entrou aqui e tentou abusar de mim, mas eu gritei.[c] ¹⁵ Quando me ouviu gritar por socorro, largou seu manto ao meu lado e fugiu da casa".

¹⁶ Ela conservou o manto consigo até que o senhor de José chegasse à casa. ¹⁷ Então repetiu-lhe a história:[d] "Aquele escravo hebreu que você nos trouxe aproximou-se de mim para me insultar. ¹⁸ Mas, quando gritei por socorro, ele largou seu manto ao meu lado e fugiu".

¹⁹ Quando o seu senhor ouviu o que a sua mulher lhe disse: "Foi assim que o seu escravo me tratou", ficou indignado.[e] ²⁰ Mandou buscar José e lançou-o na prisão[f] em que eram postos os prisioneiros do rei.

José ficou na prisão, ²¹ mas o Senhor estava com ele e o tratou com bondade, concedendo-lhe a simpatia do carcereiro.[g] ²² Por isso o carcereiro encarregou José de todos os que estavam na prisão, e ele se tornou responsável por tudo o que lá sucedia.[h] ²³ O carcereiro não se preocupava com nada do que estava a cargo de José, porque o Senhor estava com José e lhe concedia bom êxito em tudo o que realizava.[i]

José Interpreta os Sonhos de Dois Prisioneiros

40 Algum tempo depois, o copeiro[j] e o padeiro do rei do Egito fizeram uma ofensa ao seu senhor, o rei do Egito. ² O faraó irou-se[k] com os dois oficiais, o chefe dos copeiros e o chefe dos padeiros, ³ e mandou prendê-los na casa do capitão da guarda,[l] na prisão em que José estava. ⁴ O capitão da guarda os deixou aos cuidados de José,[m] que os servia.

Depois de certo tempo, ⁵ o copeiro e o padeiro do rei do Egito, que estavam na prisão, sonharam. Cada um teve um sonho, ambos na mesma noite, e cada sonho tinha a sua própria interpretação.[n]

⁶ Quando José foi vê-los na manhã seguinte, notou que estavam abatidos. ⁷ Por isso perguntou aos oficiais do faraó, que também estavam presos na casa do seu senhor: "Por que hoje[o] vocês estão com o semblante triste?"

⁸ Eles responderam: "Tivemos sonhos, mas não há quem os interprete".ᵖ

Disse-lhes José: "Não são de Deus as interpretações?ᵍ Contem-me os sonhos".

⁹ Então o chefe dos copeiros contou o seu sonho a José: "Em meu sonho vi diante de mim uma videira, ¹⁰ com três ramos. Ela brotou, floresceu e deu uvas que amadureciam em cachos. ¹¹ A taça do faraó estava em minha mão. Peguei as uvas, e as espremi na taça do faraó, e a entreguei em sua mão".

¹² Disse-lhe José: "Esta é a interpretação:ʳ os três ramos são três dias. ¹³ Dentro de três dias o faraó vai exaltá-lo e restaurá-lo à sua posição, e você servirá a taça na mão dele, como costumava fazer quando era seu copeiro. ¹⁴ Quando tudo estiver indo bem com você, lembre-se de mimˢ e seja bondoso comigo;ᵗ fale de mim ao faraó e tire-me desta prisão, ¹⁵ pois fui trazido à força da terra dos hebreus,ᵘ e também aqui nada fiz para ser jogado neste calabouço".

¹⁶ Ouvindo o chefe dos padeiros essa interpretação favorável, disse a José: "Eu também tive um sonho: sobre a minha cabeça havia três cestas de pão branco. ¹⁷ Na cesta de cima havia todo tipo de pães e doces que o faraó aprecia, mas as aves vinham comer da cesta que eu trazia na cabeça".

¹⁸ E disse José: "Esta é a interpretação: as três cestas são três dias.ᵛ ¹⁹ Dentro de três dias o faraó vai decapitá-loʷ e pendurá-lo numa árvore¹. E as aves comerão a sua carne".

²⁰ Três dias depois era o aniversário do faraó,ˣ e ele ofereceu um banquete a todos os seus conselheiros.ʸ Na presença deles reapresentou o chefe dos copeiros e o chefe dos padeiros; ²¹ restaurou à sua posição o chefe dos copeiros, de modo que ele voltou a ser aquele que servia a taça do faraó,ᶻ ²² mas ao chefe dos padeirosᵃ mandou enforcar², como José lhes dissera em sua interpretação.ᵇ

²³ O chefe dos copeiros, porém, não se lembrou de José; ao contrário, esqueceu-se dele.ᶜ

¹ **40.19** Ou *empalar você numa estaca*.
² **40.22** Ou *empalar*.

José Interpreta os Sonhos do Faraó

41 Ao final de dois anos, o faraó teve um sonho.ᵈ Ele estava em pé junto ao rio Nilo, ² quando saíram do rio sete vacas belas e gordas,ᵉ que começaram a pastar entre os juncos.ᶠ ³ Depois saíram do rio mais sete vacas, feias e magras, que foram para junto das outras, à beira do Nilo. ⁴ Então as vacas feias e magras comeram as sete vacas belas e gordas. Nisso o faraó acordou.

⁵ Tornou a adormecer e teve outro sonho. Sete espigas de trigo, graúdas e boas, cresciam no mesmo pé. ⁶ Depois brotaram outras sete espigas, mirradas e ressequidas pelo vento leste. ⁷ As espigas mirradas engoliram as sete espigas graúdas e cheias. Então o faraó acordou; era um sonho.

⁸ Pela manhã, perturbado,ᵍ mandou chamar todos os magosʰ e sábios do Egito e lhes contou os sonhos, mas ninguém foi capaz de interpretá-los.

⁹ Então o chefe dos copeiros disse ao faraó: "Hoje me lembro de minhas faltas. ¹⁰ Certa vez o faraó ficou irado com dois dos seus servosⁱ e mandou prender-me junto com o chefe dos padeiros, na casa do capitão da guarda.ʲ ¹¹ Certa noite cada um de nós teve um sonho, e cada sonho tinha uma interpretação.ᵏ ¹² Pois bem, havia lá conosco um jovem hebreu, servo do capitão da guarda. Contamos a ele os nossos sonhos, e ele os interpretou, dando a cada um de nós a interpretação do seu próprio sonho.ˡ ¹³ E tudo aconteceu conforme ele nos dissera: eu fui restaurado à minha posição, e o outro foi enforcado³".ᵐ

¹⁴ O faraó mandou chamar José, que foi trazido depressa do calabouço.ⁿ Depois de se barbear e trocar de roupa, apresentou-se ao faraó.

¹⁵ O faraó disse a José: "Tive um sonho que ninguém consegue interpretar. Mas ouvi falar que você, ao ouvir um sonho, é capaz de interpretá-lo".ᵒ

¹⁶ Respondeu-lhe José: "Isso não depende de mim, mas Deus dará ao faraó uma resposta favorável".ᵖ

³ **41.13** Ou *empalado*.

17 Então o faraó contou o sonho a José: "Sonhei que estava em pé, à beira do Nilo, **18** quando saíram do rio sete vacas, belas e gordas, que começaram a pastar entre os juncos. **19** Depois saíram outras sete, raquíticas, muito feias e magras. Nunca vi vacas tão feias em toda a terra do Egito. **20** As vacas magras e feias comeram as sete vacas gordas que tinham aparecido primeiro. **21** Mesmo depois de havê-las comido, não parecia que o tivessem feito, pois continuavam tão magras como antes. Então acordei.

22 "Depois tive outro sonho. Vi sete espigas de cereal, cheias e boas, que cresciam num mesmo pé. **23** Depois delas, brotaram outras sete, murchas e mirradas, ressequidas pelo vento leste. **24** As espigas magras engoliram as sete espigas boas. Contei isso aos magos, mas ninguém foi capaz de explicá-lo".^q

25 "O faraó teve um único sonho", disse-lhe José. "Deus revelou ao faraó o que ele está para fazer.^r **26** As sete vacas boas^s são sete anos, e as sete espigas boas são também sete anos; trata-se de um único sonho. **27** As sete vacas magras e feias que surgiram depois das outras, e as sete espigas mirradas, queimadas pelo vento leste, são sete anos. Serão sete anos de fome.^t

28 "É exatamente como eu disse ao faraó: Deus mostrou ao faraó aquilo que ele vai fazer. **29** Sete anos de muita fartura^u estão para vir sobre toda a terra do Egito, **30** mas depois virão sete anos de fome.^v Então todo o tempo de fartura será esquecido, pois a fome arruinará a terra.^w **31** A fome que virá depois será tão rigorosa que o tempo de fartura não será mais lembrado na terra. **32** O sonho veio ao faraó duas vezes porque a questão já foi decidida^x por Deus, que se apressa em realizá-la.

33 "Procure agora o faraó um homem criterioso e sábio^y e ponha-o no comando da terra do Egito. **34** O faraó também deve estabelecer supervisores para recolher um quinto^z da colheita do Egito durante os sete anos de fartura.^a **35** Eles deverão recolher o que puderem nos anos bons que virão e fazer estoques de trigo que, sob o controle do faraó, serão armazenados nas cidades.^b **36** Esse estoque servirá de reserva para os sete anos de fome que virão sobre o Egito,^c para que a terra não seja arrasada pela fome."

José no Governo do Egito

37 O plano pareceu bom ao faraó e a todos os seus conselheiros.^d **38** Por isso o faraó lhes perguntou: "Será que vamos achar alguém como este homem, em quem está o espírito divino?"^e

39 Disse, pois, o faraó a José: "Uma vez que Deus lhe revelou todas essas coisas, não há ninguém tão criterioso e sábio como você. **40** Você terá o comando de meu palácio, e todo o meu povo se sujeitará às suas ordens.^f Somente em relação ao trono serei maior que você". **41** E o faraó prosseguiu: "Entrego a você agora o comando de toda a terra do Egito".^g **42** Em seguida, o faraó tirou do dedo o seu anel-selo^h e o colocou no dedo de José. Mandou-o vestir linho fino e colocou uma corrente de ouro em seu pescoço.ⁱ **43** Também o fez subir em sua segunda carruagem real, e à frente os arautos iam gritando: "Abram caminho!"^{1j} Assim José foi posto no comando de toda a terra do Egito.

44 Disse ainda o faraó a José: "Eu sou o faraó, mas sem a sua palavra ninguém poderá levantar a mão nem o pé em todo o Egito".^k **45** O faraó deu a José o nome de Zafenate-Paneia e lhe deu por mulher^l Azenate, filha de Potífera, sacerdote de Om². Depois José foi inspecionar toda a terra do Egito.

46 José tinha trinta anos de idade^m quando começou a servir³ⁿ ao faraó, rei do Egito. Ele se ausentou da presença do faraó e foi percorrer todo o Egito. **47** Durante os sete anos de fartura a terra teve grande produção. **48** José recolheu todo o excedente dos sete anos de fartura no Egito e o armazenou nas cidades. Em cada cidade ele armazenava o trigo colhido

---

¹ **41.43** Ou *"Curvem-se!"*
² **41.45** Isto é, Heliópolis; também no versículo 50.
³ **41.46** Ou *quando se apresentou ao faraó*

nas lavouras das redondezas. ⁴⁹ Assim José estocou muito trigo, como a areia do mar. Tal era a quantidade que ele parou de anotar, porque ia além de toda medida.

⁵⁰ Antes dos anos de fome, Azenate, filha de Potífera, sacerdote de Om,ᵒ deu a José dois filhos. ⁵¹ Ao primeiro,ᵖ José deu o nome de Manassés, dizendo: "Deus me fez esquecer todo o meu sofrimento e toda a casa de meu pai".

⁵² Ao segundo filho, chamou Efraim,ᵠ dizendo: "Deus me fez prosperarʳ na terra onde tenho sofrido".

⁵³ Assim chegaram ao fim os sete anos de fartura no Egito, ⁵⁴ e começaram os sete anos de fome,ˢ como José tinha predito. Houve fome em todas as terras, mas em todo o Egito havia alimento. ⁵⁵ Quando todo o Egito começou a sofrer com a fome,ᵗ o povo clamou ao faraó por comida, e este respondeu a todos os egípcios: "Dirijam-se a José e façam o que ele disser".ᵘ

⁵⁶ Quando a fome já se havia espalhado por toda a terra, José mandou abrir os locais de armazenamento e começou a vender trigo aos egípcios, pois a fomeᵛ se agravava em todo o Egito. ⁵⁷ E de toda a terra vinha gente ao Egito para comprar trigo de José,ʷ porquanto a fome se agravava em toda parte.

Os Irmãos de José no Egito

42 Quando Jacó soube que no Egitoˣ havia trigo, disse a seus filhos: "Por que estão aí olhando uns para os outros?" ² Disse ainda: "Ouvi dizer que há trigo no Egito. Desçam até lá e comprem trigo para nós, para que possamos continuar vivos e não morramos de fome".ʸ

³ Assim dez dos irmãos de José desceram ao Egito para comprar trigo. ⁴ Jacó não deixou que Benjamim, irmão de José, fosse com eles, temendo que algum mal lhe acontecesse.ᶻ ⁵ Os filhos de Israel estavam entre outros que também foram comprar trigo,ᵃ por causa da fome na terra de Canaã.ᵇ

⁶ José era o governador do Egito e era ele que vendia trigo a todo o povo da terra.ᶜ Por isso, quando os irmãos de José chegaram, curvaram-se diante dele com o rosto em terra.ᵈ ⁷ José reconheceu os seus irmãos logo que os viu, mas agiu como se não os conhecesse, e lhes falou asperamente:ᵉ "De onde vocês vêm?"

Responderam eles: "Da terra de Canaã, para comprar comida".

⁸ José reconheceu os seus irmãos, mas eles não o reconheceram.ᶠ ⁹ Lembrou-se então dos sonhosᵍ que tivera a respeito deles e lhes disse: "Vocês são espiões! Vieram para ver onde a nossa terra está desprotegida".

¹⁰ Eles responderam: "Não, meu senhor. Teus servos vieram comprar comida. ¹¹ Todos nós somos filhos do mesmo pai. Teus servos são homens honestos, e não espiões".

¹² Mas José insistiu: "Não! Vocês vieram ver onde a nossa terra está desprotegida".

¹³ E eles disseram: "Teus servos eram doze irmãos, todos filhos do mesmo pai, na terra de Canaã. O caçula está agora em casa com o pai, e o outro já morreu".ʰ

¹⁴ José tornou a afirmar: "É como lhes falei: Vocês são espiões! ¹⁵ Vocês serão postos à prova. Juro pela vida do faraóⁱ que vocês não sairão daqui, enquanto o seu irmão caçula não vier para cá. ¹⁶ Mandem algum de vocês buscar o seu irmão enquanto os demais aguardam presos. Assim ficará provado se as suas palavras são verdadeiras ou não.ʲ Se não forem, juro pela vida do faraó que ficará confirmado que vocês são espiões!" ¹⁷ E os deixou presosᵏ três dias.

¹⁸ No terceiro dia, José lhes disse: "Eu tenho temor de Deus.ˡ Se querem salvar sua vida, façam o seguinte: ¹⁹ se vocês são homens honestos, deixem um dos seus irmãos aqui na prisão, enquanto os demais voltam, levando trigo para matar a fome das suas famílias. ²⁰ Tragam-me, porém, o seu irmão caçula,ᵐ para que se comprovem as suas palavras e vocês não tenham que morrer".

²¹ Eles se prontificaram a fazer isso e disseram uns aos outros: "Certamente estamos sendo punidos pelo que fizemos a nosso irmão.ⁿ Vimos como ele estava angustiado,

quando nos implorava por sua vida, mas não lhe demos ouvidos; por isso nos sobreveio esta angústia".º

²² Rúben respondeu: "Eu não lhes disse que não maltratassem o menino?ᵖ Mas vocês não quiseram me ouvir! Agora teremos que prestar contasᵠ do seu sangue".ʳ

²³ Eles, porém, não sabiam que José podia compreendê-los, pois ele lhes falava por meio de um intérprete.

²⁴ Nisso José retirou-se e começou a chorar, mas logo depois voltou e conversou de novo com eles. Então escolheu Simeão e mandou acorrentá-lo diante deles.ˢ

A Volta para Canaã

²⁵ Em seguida, José deu ordem para que enchessem de trigoᵗ suas bagagens, devolvessem a prata de cada um deles, colocando-a nas bagagens,ᵘ e lhes dessem mantimentos para a viagem.ᵛ E assim foi feito. ²⁶ Eles puseram a carga de trigo sobre os seus jumentos e partiram.

²⁷ No lugar onde pararam para pernoitar, um deles abriu a bagagem para pegar forragem para o seu jumento e viu a prata na boca da bagagem.ʷ ²⁸ E disse a seus irmãos: "Devolveram a minha prata. Está aqui em minha bagagem".

Tomados de pavor em seu coração e tremendo, disseram uns aos outros: "Que é isto que Deus fez conosco?"ˣ

²⁹ Ao chegarem à casa de seu pai Jacó, na terra de Canaã, relataram-lhe tudo o que lhes acontecera, dizendo: ³⁰ "O homem que governa aquele país falou asperamenteʸ conosco e nos tratou como espiões. ³¹ Mas nós lhe asseguramos que somos homens honestos e não espiões.ᶻ ³² Dissemos também que éramos doze irmãos, filhos do mesmo pai, e que um já havia morrido e que o caçula estava com o nosso pai, em Canaã."

³³ "Então o homem que governa aquele país nos disse: 'Vejamos se vocês são honestos: um dos seus irmãos ficará aqui comigo, e os outros poderão voltar e levar mantimentos para matar a fome das suas famílias.ᵃ ³⁴ Tragam-me, porém, o seu irmão caçula, para que eu comprove que vocês não são espiões, mas sim, homens honestos. Então lhes devolverei o irmão e os autorizarei a fazer negócios nesta terra'."ᵇ

³⁵ Ao esvaziarem as bagagens, dentro da bagagem de cada um estava a sua bolsa cheia de prata. Quando eles e seu pai viram as bolsas cheias de prata, ficaram com medo.ᶜ ³⁶ E disse-lhes seu pai Jacó: "Vocês estão tirando meus filhos de mim! Já fiquei sem José, agora sem Simeão e ainda querem levar Benjamim.ᵈ Tudo está contra mim!"

³⁷ Então Rúben disse ao pai: "Podes matar meus dois filhos se eu não o trouxer de volta. Deixa-o aos meus cuidados, e eu o trarei".

³⁸ Mas o pai respondeu: "Meu filho não descerá com vocês; seu irmão está morto,ᵉ e ele é o único que resta. Se qualquer mal lhe acontecerᶠ na viagem que estão por fazer, vocês farão estes meus cabelos brancos descer à sepultura¹ᵍ com tristeza".ʰ

De Volta ao Egito

43 A fome continuava rigorosa na terra.ⁱ ² Assim, quando acabou todo o trigo que os filhos de Jacó tinham trazido do Egito, seu pai lhes disse: "Voltem e comprem um pouco mais de comida para nós".

³ Mas Judá lhe disse: "O homem nos advertiu severamente: 'Não voltem à minha presença, a não ser que tragam o seu irmão'.ʲ ⁴ Se enviares o nosso irmão conosco, desceremos e compraremos comida para ti. ⁵ Mas, se não o enviares conosco, não iremos, porque foi assim que o homem falou: 'Não voltem à minha presença, a não ser que tragam o seu irmão' ".ᵏ

⁶ Israel perguntou: "Por que me causaram esse mal, contando àquele homem que tinham outro irmão?"

⁷ E lhe responderam: "Ele nos interrogou sobre nós e sobre nossa família. E também nos perguntou: 'O pai de vocês ainda está

---

¹ **42.38** Hebraico: *Sheol*. Essa palavra também pode ser traduzida por *profundezas*, *pó* ou *morte*.

vivo?ˡ Vocês têm outro irmão?"ᵐ Nós simplesmente respondemos ao que ele nos perguntou. Como poderíamos saber que ele exigiria que levássemos o nosso irmão?"

⁸ Então disse Judá a Israel, seu pai: "Deixa o jovem ir comigo e partiremos imediatamente, a fim de que tu, nós e nossas crianças sobrevivamos e não venhamos a morrer.ⁿ ⁹ Eu me comprometo pessoalmente pela segurança dele; podes me considerar responsável por ele. Se eu não o trouxer de volta e não o colocar bem aqui na tua presença, serei culpado diante de ti pelo resto da minha vida.º ¹⁰ Como se vê, se não tivéssemos demorado tanto, já teríamos ido e voltado duas vezes".

¹¹ Então Israel, seu pai, lhes disse: "Se tem que ser assim, que seja! Coloquem alguns dos melhores produtos da nossa terra na bagagem e levem-nos como presenteᵖ ao tal homem: um pouco de bálsamo,ᵠ um pouco de mel, algumas especiariasʳ e mirra, algumas nozes de pistache e amêndoas. ¹² Levem prata em dobro, e devolvam a prata que foi colocada de volta na boca da bagagem de vocês.ˢ Talvez isso tenha acontecido por engano. ¹³ Peguem também o seu irmão e voltem àquele homem. ¹⁴ Que o Deus todo-poderoso¹¹ lhes conceda misericórdia diante daquele homem, para que ele permita que o seu outro irmão e Benjamim voltem com vocês.ᵘ Quanto a mim, se ficar sem filhos, sem filhos ficarei".ᵛ

¹⁵ Então os homens desceramʷ ao Egito, levando o presente, prata em dobro e Benjamim, e foram à presençaˣ de José. ¹⁶ Quando José viu Benjamim com eles, disse ao administrador de sua casa:ʸ "Leve estes homens à minha casa, mate um animal e prepare-o;ᶻ eles almoçarão comigo ao meio-dia".

¹⁷ Ele fez o que lhe fora ordenado e levou-os à casa de José. ¹⁸ Eles ficaram com medo,ᵃ quando foram levados à casa de José, e pensaram: "Trouxeram-nos aqui por causa da prata que foi devolvida às nossas bagagens na primeira vez. Ele quer atacar-nos, subjugar-nos, tornar-nos escravos e tomar de nós os nossos jumentos".

¹⁹ Por isso, dirigiram-se ao administrador da casa de José e lhe disseram à entrada da casa: ²⁰ "Ouça, senhor! A primeira vez que viemos aqui foi realmente para comprar comida.ᵇ ²¹ Mas, no lugar em que paramos para pernoitar, abrimos nossas bagagens e cada um de nós encontrou a prata que tinha trazido, na quantia exata. Por isso a trouxemos de volta conosco,ᶜ ²² além de mais prata, para comprar comida. Não sabemos quem pôs a prata em nossa bagagem".

²³ "Fiquem tranquilos", disse o administrador. "Não tenham medo. O seu Deus, o Deus de seu pai, foi quem lhes deu um tesouro em suas bagagens,ᵈ porque a prata de vocês eu recebi." Então soltou Simeão e o levou à presença deles.ᵉ ²⁴ Em seguida, os levou à casa de José,ᶠ deu-lhes água para lavarem os pésᵍ e forragem para os seus jumentos. ²⁵ Eles então prepararam o presente para a chegada de José ao meio-dia, porque ficaram sabendo que iriam almoçar ali.

²⁶ Quando José chegou, eles o presentearamʰ com o que tinham trazido e curvaram-se diante dele até o chão.ⁱ ²⁷ Ele então lhes perguntou como passavam e disse em seguida: "Como vai o pai de vocês, o homem idoso de quem me falaram? Ainda está vivo?"ʲ

²⁸ Eles responderam: "Teu servo, nosso pai, ainda vive e passa bem". E se curvaram para prestar-lhe honra.ᵏ

²⁹ Olhando ao redor e vendo seu irmão Benjamim, filho de sua mãe, José perguntou: "É este o irmão caçula de quem me falaram?"ˡ E acrescentou: "Deus lhe conceda graça,ᵐ meu filho". ³⁰ Profundamente emocionadoⁿ por causa de seu irmão, José apressou-se em sair à procura de um lugar para chorar,º e, entrando em seu quarto, chorou.

³¹ Depois de lavar o rosto, saiu e, controlando-se,ᵖ disse: "Sirvam a comida".

ⁱ **43.14** Hebraico: *El-Shaddai*; também em 48.3 e 49.25.

43.7
ᵛ. 27
ᵐGn 42.13
43.8
ⁿGn 42.2;
Sl 33.18-19
43.9
ºGn 42.37;
44.32;
Fm 1.18-19
43.11
ᵖGn 32.20;
Pv 18.16
ᵠJr 8.22
ʳ1Rs 10.2
43.12
ˢGn 42.25
43.14
ᵗGn 17.1;
28.3; 35.11
ᵘGn 42.24
ᵛEt 4.16
43.15
ʷGn 45.9, 13
ˣGn 47.2, 7
43.16
ʸGn 44.1, 4, 12
ᶻv. 31;
Lc 15.23
43.18
ᵃGn 42.35
43.20
ᵇGn 42.3
43.21
ᶜv. 15;
Gn 42.27, 35
43.23
ᵈGn 42.28
ᵉGn 42.24
43.24
ᶠv. 16
ᵍGn 18.4;
24.32
43.26
ʰMt 2.11
ⁱGn 37.7, 10
43.27
ʲv. 7
43.28
ᵏGn 37.7
43.29
ˡGn 42.13
ᵐNm 6.25;
Sl 67.1
43.30
ⁿJo 11.33, 38
ºGn 42.24;
45.2, 14, 15;
46.29
43.31
ᵖGn 45.1

32 Serviram a ele em separado dos seus irmãos e também dos egípcios que comiam com ele, porque os egípcios não podiam comer com os hebreus,^q pois isso era sacrilégio para eles.^r **33** Seus irmãos foram colocados à mesa perante ele por ordem de idade, do mais velho ao mais moço, e olhavam perplexos uns para os outros. **34** Então lhes serviram da comida da mesa de José, e a porção de Benjamim era cinco vezes maior que a dos outros.^s E eles festejaram e beberam à vontade.

A Taça de José na Bagagem de Benjamim

44 José deu as seguintes ordens ao administrador de sua casa: "Encha as bagagens desses homens com todo o mantimento que puderem carregar e coloque a prata de cada um na boca de sua bagagem.^t **2** Depois coloque a minha taça, a taça de prata, na boca da bagagem do caçula, junto com a prata paga pelo trigo". E ele fez tudo conforme as ordens de José.

3 Assim que despontou a manhã, despediram os homens com os seus jumentos. **4** Ainda não tinham se afastado da cidade, quando José disse ao administrador de sua casa: "Vá atrás daqueles homens e, quando os alcançar, diga-lhes: Por que retribuíram o bem com o mal?^u **5** Não é esta a taça que o meu senhor usa para beber e para fazer adivinhações?^v Vocês cometeram grande maldade!"

6 Quando ele os alcançou, repetiu-lhes essas palavras. **7** Mas eles lhe responderam: "Por que o meu senhor diz isso? Longe dos seus servos fazer tal coisa! **8** Nós lhe trouxemos de volta, da terra de Canaã, a prata que encontramos na boca de nossa bagagem.^w Como roubaríamos prata ou ouro da casa do seu senhor? **9** Se algum dos seus servos for encontrado com ela, morrerá;^x e nós, os demais, seremos escravos do meu senhor".

10 E disse ele: "Concordo. Somente quem for encontrado com ela será meu escravo; os demais estarão livres".

11 Cada um deles descarregou depressa a sua bagagem e abriu-a. **12** O administrador começou então a busca, desde a bagagem do mais velho até a do mais novo. E a taça foi encontrada na bagagem de Benjamim.^y **13** Diante disso, eles rasgaram as suas vestes.^z Em seguida, todos puseram a carga de novo em seus jumentos e retornaram à cidade.

14 Quando Judá e seus irmãos chegaram à casa de José, ele ainda estava lá. Então eles se lançaram ao chão perante ele.^a **15** E José lhes perguntou: "Que foi que vocês fizeram? Vocês não sabem que um homem como eu tem poder para adivinhar?"^b

16 Respondeu Judá: "O que diremos a meu senhor? Que podemos falar? Como podemos provar nossa inocência? Deus trouxe à luz a culpa dos teus servos. Agora somos escravos do meu senhor,^c como também aquele que foi encontrado com a taça".^d

17 Disse, porém, José: "Longe de mim fazer tal coisa! Somente aquele que foi encontrado com a taça será meu escravo. Os demais podem voltar em paz para a casa do seu pai".

18 Então Judá dirigiu-se a ele, dizendo: "Por favor, meu senhor, permite-me dizer-te uma palavra. Não se acenda a tua ira^e contra o teu servo, embora sejas igual ao próprio faraó. **19** Meu senhor perguntou a estes seus servos se ainda tínhamos pai e algum outro irmão.^f **20** E nós respondemos: Temos um pai já idoso,^g cujo filho caçula nasceu-lhe em sua velhice. O irmão deste já morreu,^h e ele é o único filho da mesma mãe que restou, e seu pai o ama muito.^i

21 "Então disseste a teus servos que o trouxessem a ti para que os teus olhos pudessem vê-lo.^j **22** E nós respondemos a meu senhor que o jovem não poderia deixar seu pai, pois, caso o fizesse, seu pai morreria.^k **23** Todavia disseste a teus servos que, se o nosso irmão caçula não viesse conosco, nunca mais veríamos a tua face.^l **24** Quando voltamos a teu servo, a meu pai, contamos-lhe o que o meu senhor tinha dito.

²⁵ "Quando o nosso pai nos mandou voltar para comprar um pouco mais de comida,ᵐ ²⁶ nós lhe dissemos: 'Só poderemos voltar para lá, se o nosso irmão caçula for conosco. Pois não poderemos ver a face daquele homem, a não ser que o nosso irmão caçula esteja conosco'.

²⁷ "Teu servo, meu pai, nos disse então: 'Vocês sabem que minha mulher me deu apenas dois filhos.ⁿ ²⁸ Um deles se foi, e eu disse: Com certeza foi despedaçado.ᵒ E, até hoje, nunca mais o vi. ²⁹ Se agora vocês também levarem este de mim, e algum mal lhe acontecer, a tristezaᵖ que me causarão fará com que os meus cabelos brancos desçam à sepultura¹'.

³⁰ "Agora, pois, se eu voltar a teu servo, a meu pai, sem levar o jovem conosco, logo que meu pai, que é tão apegado a ele,ᑫ ³¹ perceber que o jovem não está conosco, morrerá. Teus servos farão seu velho pai descer seus cabelos brancos à sepultura com tristeza.

³² "Além disso, teu servo garantiu a segurança do jovem a seu pai, dizendo-lhe: 'Se eu não o trouxer de volta, suportarei essa culpa diante de ti pelo resto da minha vida!'ʳ

³³ "Por isso agora te peço, por favor, deixa o teu servo ficar como escravoˢ do meu senhor no lugar do jovemᵗ e permite que ele volte com os seus irmãos. ³⁴ Como poderei eu voltar a meu pai sem levar o jovem comigo? Não! Não posso ver o mal que sobreviria a meu pai".ᵘ

José Revela a Verdade

45 A essa altura, José já não podia mais conter-se diante de todos os que ali estavam,ᵛ e gritou: "Façam sair a todos!" Assim, ninguém mais estava presente quando José se revelou a seus irmãos. ² E ele se pôs a chorarʷ tão alto que os egípcios o ouviram, e a notícia chegou ao palácio do faraó.ˣ

³ Então disse José a seus irmãos: "Eu sou José! Meu pai ainda está vivo?"ʸ Mas os seus irmãos ficaram tão pasmados diante dele que não conseguiam responder-lhe.ᶻ

⁴ "Cheguem mais perto", disse José a seus irmãos. Quando eles se aproximaram, disse-lhes: "Eu sou José, seu irmão, aquele que vocês venderam ao Egito!ᵃ ⁵ Agora, não se aflijamᵇ nem se recriminem por terem me vendido para cá,ᶜ pois foi para salvar vidas que Deus me enviou adiante de vocês.ᵈ ⁶ Já houve dois anos de fome na terra, e nos próximos cinco anos não haverá cultivo nem colheita. ⁷ Mas Deus me enviou à frente de vocês para lhes preservar um remanescenteᵉ nesta terra e para salvar-lhes a vida com grande livramento²ᶠ.

⁸ "Assim, não foram vocês que me mandaram para cá, mas sim o próprio Deus. Ele me tornou ministro³ᵍ do faraó, e me fez administrador de todo o palácio e governador de todo o Egito.ʰ ⁹ Voltem depressa a meu pai e digam-lhe: Assim diz o seu filho José: 'Deus me fez senhor de todo o Egito. Vem para cá, não te demores.ⁱ ¹⁰ Tu viverás na região de Gósenʲ e ficarás perto de mim — tu, os teus filhos, os teus netos, as tuas ovelhas, os teus bois e todos os teus bens. ¹¹ Eu te sustentarei ali,ᵏ porque ainda haverá cinco anos de fome. Do contrário, tu, a tua família e todos os teus rebanhos acabarão na miséria'.

¹² "Vocês estão vendo com os seus próprios olhos, e meu irmão Benjamim também, que realmente sou eu que estou falando com vocês. ¹³ Contem a meu pai quanta honra me prestam no Egito e tudo o que vocês mesmos testemunharam. E tragam meu pai para cá depressa".ˡ

¹⁴ Então ele se lançou chorando sobre o seu irmão Benjamim e o abraçou, e Benjamim também o abraçou, chorando. ¹⁵ Em seguida, beijouᵐ todos os seus irmãos e

---

¹ **44.29** Hebraico: *Sheol*; também no versículo 31. Essa palavra também pode ser traduzida por *profundezas*, *pó* ou *morte*.

² **45.7** Ou *salvá-los como a um grande grupo de sobreviventes*

³ **45.8** Hebraico: *pai*.

chorou com eles. E só depois os seus irmãos conseguiram conversar com ele."

¹⁶ Quando se ouviu no palácio do faraó que os irmãos de José haviam chegado,ᵒ o faraó e todos os seus conselheiros se alegraram. ¹⁷ Disse então o faraó a José: "Diga a seus irmãos que ponham as cargas nos seus animais, voltem para a terra de Canaã ¹⁸ e retornem para cá, trazendo seu pai e suas famílias. Eu lhes darei o melhor da terra do Egito*p* e vocês poderão desfrutar a fartura desta terra.*q*

¹⁹ "Mande-os também levar carruagens*r* do Egito para trazerem as suas mulheres, os seus filhos e seu pai. ²⁰ Não se preocupem com os seus bens, pois o melhor de todo o Egito será de vocês".

²¹ Assim fizeram os filhos de Israel. José lhes providenciou carruagens, como o faraó tinha ordenado, e também mantimentos para a viagem.*s* ²² A cada um deu uma muda de roupa nova, mas a Benjamim deu trezentas peças de prata e cinco mudas de roupa nova.*t* ²³ E a seu pai enviou dez jumentos carregados com o melhor do que havia no Egito e dez jumentas carregadas de trigo, pão e outras provisões para a viagem. ²⁴ Depois despediu-se dos seus irmãos e, ao partirem, disse-lhes: "Não briguem pelo caminho!"*u*

²⁵ Assim partiram do Egito e voltaram a seu pai Jacó, na terra de Canaã, ²⁶ e lhe deram a notícia: "José ainda está vivo! Na verdade ele é o governador de todo o Egito". O coração de Jacó quase parou! Não podia acreditar neles.*v* ²⁷ Mas, quando lhe relataram tudo o que José lhes dissera, e, vendo Jacó, seu pai, as carruagens*w* que José enviara para buscá-lo, seu espírito reviveu. ²⁸ E Israel disse: "Basta! Meu filho José ainda está vivo. Irei vê-lo antes que eu morra".

Jacó Emigra para o Egito

46 Israel partiu com tudo o que lhe pertencia. Ao chegar a Berseba¹*x*, ofereceu sacrifícios ao Deus de Isaque,*y* seu pai. ² E Deus falou a Israel por meio de uma visão noturna:*z* "Jacó! Jacó!"

"Eis-me aqui",*a* respondeu ele.

³ "Eu sou Deus, o Deus de seu pai",*b* disse ele. "Não tenha medo de descer ao Egito, porque lá*d* farei de você uma grande nação.*c* ⁴ Eu mesmo descerei ao Egito com você e certamente o trarei de volta.*e* E a mão de José fechará os seus olhos."*f*

⁵ Então Jacó partiu de Berseba. Os filhos de Israel levaram seu pai, Jacó, seus filhos e as suas mulheres nas carruagens*g* que o faraó tinha enviado. ⁶ Também levaram os seus rebanhos e os bens que tinham adquirido em Canaã. Assim Jacó foi para o Egito*h* com toda a sua descendência. ⁷ Levou consigo para o Egito seus filhos, seus netos, suas filhas e suas netas, isto é, todos os seus descendentes.*i*

⁸ Estes são os nomes dos israelitas,*j* Jacó e seus descendentes, que foram para o Egito:

Rúben,*k* o filho mais velho de Jacó.

⁹ Estes foram os filhos de Rúben: Enoque, Palu, Hezrom e Carmi.

¹⁰ Estes foram os filhos de Simeão:*l* Jemuel,*m* Jamim, Oade, Jaquim, Zoar e Saul, filho de uma cananeia.

¹¹ Estes foram os filhos de Levi:*n* Gérson, Coate e Merari.

¹² Estes foram os filhos de Judá:*o* Er, Onã, Selá, Perez e Zerá. Er e Onã morreram na terra de Canaã. Estes foram os filhos de Perez:*p* Hezrom e Hamul.

¹³ Estes foram os filhos de Issacar:*q* Tolá, Puá²ʳ, Jasube³ e Sinrom.

¹⁴ Estes foram os filhos de Zebulom:*s* Serede, Elom e Jaleel.

¹⁵ Foram esses os filhos que Lia deu a Jacó em Padã-Arã⁴, além de Diná, sua filha. Seus descendentes eram ao todo trinta e três.

² **46.13** Alguns manuscritos dizem *Puva*. Veja 1Cr 7.1.
³ **46.13** Alguns manuscritos dizem *Jó*. Veja Nm 26.24 e 1Cr 7.1.
⁴ **46.15** Provavelmente na região noroeste da Mesopotâmia; também em 48.7.

¹⁶ Estes foram os filhos de Gade:ᶠ
Zefom¹ᵘ, Hagi, Suni, Esbom,
Eri, Arodi e Areli.
¹⁷ Estes foram os filhos de Aser:ᵛ
Imna, Isvá, Isvi e Berias,
e a irmã deles, Sera.
Estes foram os filhos de Berias:
Héber e Malquiel.
¹⁸ Foram esses os dezesseis descendentes que Zilpa,ʷ serva que Labão tinha dado à sua filha Lia,ˣ deu a Jacó.
¹⁹ Estes foram os filhos de Raquel, mulher de Jacó:
José e Benjamim.ʸ
²⁰ Azenate, filha de Potífera, sacerdote de Om², deu dois filhos a José no Egito: Manassésᶻ e Efraim.ᵃ
²¹ Estes foram os filhos de Benjamim:ᵇ
Belá, Bequer, Asbel, Gera, Naamã,
Eí, Rôs, Mupim, Hupim e Arde.
²² Foram esses os catorze descendentes que Raquel deu a Jacó.
²³ O filho de Dã foi Husim.
²⁴ Estes foram os filhos de Naftali:
Jazeel, Guni, Jezer e Silém.
²⁵ Foram esses os sete descendentes que Bila,ᶜ serva que Labão tinha dado à sua filha Raquel,ᵈ deu a Jacó.

²⁶ Todos os que foram para o Egito com Jacó, todos os seus descendentes, sem contar as mulheres de seus filhos, totalizaram sessenta e seis pessoas.ᵉ ²⁷ Com mais os dois filhos³ que nasceram a José no Egito, os membros da família de Jacó que foram para o Egito chegaram a setenta⁴.ᶠ

²⁸ Ora, Jacó enviou Judá à sua frente a José, para saber como ir a Gósen.ᵍ Quando lá chegaram, ²⁹ José, de carruagem pronta, partiu para Gósen para encontrar-se com seu pai, Israel. Assim que o viu, correu para abraçá-lo e, abraçado a ele, chorou longamente.ʰ

³⁰ Israel disse a José: "Agora já posso morrer, pois vi o seu rosto e sei que você ainda está vivo".

³¹ Então José disse aos seus irmãos e a toda a família de seu pai: "Vou partir e informar ao faraó que os meus irmãos e toda a família de meu pai, que viviam em Canaã, vieram para cá.ⁱ ³² Direi que os homens são pastores, cuidam de rebanhos, e trouxeram consigo suas ovelhas, seus bois e tudo quanto lhes pertence. ³³ Quando o faraó mandar chamá-los e perguntar: 'Em que vocês trabalham?'ʲ ³⁴ respondam-lhe assim: 'Teus servos criam rebanhos desde pequenos, como o fizeram nossos antepassados'. Assim lhes será permitido habitar na região de Gósen,ᵏ pois todos os pastores são desprezados pelos egípcios".ˡ

Jacó se Estabelece no Egito

47 José foi dar as notícias ao faraó: "Meu pai e meus irmãos chegaram de Canaã com suas ovelhas, seus bois e tudo o que lhes pertence, e estão agora em Gósen".ᵐ ² Depois escolheu cinco de seus irmãos e os apresentou ao faraó.

³ Perguntou-lhes o faraó: "Em que vocês trabalham?"ⁿ

Eles lhe responderam: "Teus servos são pastores, como os nossos antepassados. ⁴ Disseram-lhe ainda: "Viemos morar aqui por uns tempos,ᵒ porque a fome é rigorosa em Canaã,ᵖ e os rebanhos de teus servos não têm pastagem. Agora, por favor, permite que teus servos se estabeleçam em Gósen".ᵠ

⁵ Então o faraó disse a José: "Seu pai e seus irmãos vieram a você, ⁶ e a terra do Egito está a sua disposição; faça com que seu pai e seus irmãos habitem na melhor parte da terra.ʳ Deixe-os morar em Gósen. E, se você vê que alguns deles são competentes,⁵ ponha-os como responsáveis por meu rebanho".

⁷ Então José levou seu pai Jacó ao faraó e o apresentou a ele. Depois Jacó abençoou⁵

---

¹ **46.16** Alguns manuscritos dizem *Zifiom*. Veja Nm 26.15.

² **46.20** Isto é, Heliópolis.

³ **46.27** A Septuaginta diz *nove filhos*.

⁴ **46.27** A Septuaginta diz *setenta e cinco*. Veja Êx 1.5 e At 7.14.

⁵ **47.7** Ou *saudou*

o faraó,[t] **8** e este lhe perguntou: "Quantos anos o senhor tem?"

9 Jacó respondeu ao faraó: "São cento e trinta[u] os anos da minha peregrinação. Foram poucos e difíceis[v] e não chegam aos anos da peregrinação dos meus antepassados".[w] **10** Então, Jacó abençoou[1] o faraó[x] e retirou-se.

11 José instalou seu pai e seus irmãos e deu-lhes propriedade na melhor parte das terras do Egito, na região de Ramessés,[y] conforme a ordem do faraó. **12** Providenciou também sustento para seu pai, para seus irmãos e para toda a sua família, de acordo com o número de filhos de cada um.[z]

Os Anos de Fome

13 Não havia mantimento em toda a região, pois a fome era rigorosa; tanto o Egito como Canaã desfaleciam por causa da fome.[a] **14** José recolheu toda a prata que circulava no Egito e em Canaã, dada como pagamento do trigo que o povo comprava, e levou-a ao palácio do faraó.[b] **15** Quando toda a prata do Egito e de Canaã se esgotou, todos os egípcios foram suplicar a José: "Dá-nos comida! Não nos deixes morrer[c] só porque a nossa prata acabou".

16 E José lhes disse: "Tragam então os seus rebanhos, e em troca lhes darei trigo, uma vez que a prata de vocês acabou". **17** E trouxeram a José os rebanhos, e ele deu-lhes trigo em troca de cavalos,[d] ovelhas, bois e jumentos. Durante aquele ano inteiro ele os sustentou em troca de todos os seus rebanhos.

18 O ano passou, e no ano seguinte voltaram a José, dizendo: "Não temos como esconder de ti, meu senhor, que uma vez que a nossa prata acabou e os nossos rebanhos lhe pertencem, nada mais nos resta para oferecer, a não ser os nossos próprios corpos e as nossas terras. **19** Não deixes que morramos e que as nossas terras pereçam diante dos teus olhos! Compra-nos, e compra as nossas terras, em troca de trigo, e nós, com as nossas terras, seremos escravos do faraó. Dá-nos sementes para que sobrevivamos e não morramos de fome, a fim de que a terra não fique desolada".

20 Assim, José comprou todas as terras do Egito para o faraó. Todos os egípcios tiveram que vender os seus campos, pois a fome os obrigou a isso. A terra tornou-se propriedade do faraó. **21** Quanto ao povo, José o reduziu à servidão[2], de uma à outra extremidade do Egito. **22** Somente as terras dos sacerdotes não foram compradas, porque, por lei, esses recebiam sustento regular[e] do faraó, e disso viviam. Por isso não tiveram que vender as suas terras.

23 Então José disse ao povo: "Ouçam! Hoje comprei vocês e suas terras para o faraó; aqui estão as sementes para que cultivem a terra. **24** Mas vocês darão a quinta parte[f] das suas colheitas ao faraó. Os outros quatro quintos ficarão para vocês como sementes para os campos e como alimento para vocês, seus filhos e os que vivem em suas casas".

25 Eles disseram: "Meu senhor,[g] tu nos salvaste a vida. Visto que nos favoreceste, seremos escravos do faraó".

26 Assim, quanto à terra, José estabeleceu o seguinte decreto no Egito, que permanece até hoje: um quinto da produção pertence ao faraó. Somente as terras dos sacerdotes não se tornaram propriedade do faraó.[h]

O Último Desejo de Jacó

27 Os israelitas se estabeleceram no Egito, na região de Gósen. Lá adquiriram propriedades, foram prolíferos e multiplicaram-se muito.[i]

28 Jacó viveu dezessete anos no Egito,[j] e os anos da sua vida chegaram a cento e quarenta e sete. **29** Aproximando-se a hora da sua morte,[k] Israel chamou seu filho José e lhe disse: "Se quer agradar-me, ponha a mão debaixo da minha coxa[l] e prometa que será bondoso e fiel comigo:[m] Não me sepulte no Egito. **30** Quando eu descansar com meus pais, leve-me daqui do Egito e sepulte-me junto a eles".[n]

---

[1] **47.10** Ou *despediu-se do*

[2] **47.21** Conforme o Pentateuco Samaritano e a Septuaginta. O Texto Massorético diz *mudou-o para as cidades*.

José respondeu: "Farei como o senhor me pede".

31 Mas Jacó insistiu: "Jure-me".º E José lhe jurou,ᵖ e Israel curvou-se apoiado em seu bordão¹.ᑫ

Jacó Abençoa Manassés e Efraim

48 Algum tempo depois, disseram a José: "Seu pai está doente"; e ele foi vê-lo, levando consigo seus dois filhos, Manassés e Efraim.ʳ **2** E anunciaram a Jacó: "Seu filho José veio vê-lo". Israel reuniu suas forças e assentou-se na cama.

3 Então disse Jacó a José: "O Deus todo-poderoso apareceu-me em Luz,ˢ na terra de Canaã, e ali me abençoou,ᵗ **4** dizendo: 'Eu o farei prolífero e o multiplicarei.ᵘ Farei de você uma comunidade de povos e darei esta terra por propriedade perpétua aos seus descendentes'.

5 "Agora, pois, os seus dois filhos que lhe nasceram no Egito,ᵛ antes da minha vinda para cá, serão reconhecidos como meus;ʷ Efraim e Manassés serão meus, como são meus Rúben e Simeão. **6** Os filhos que lhe nascerem depois deles serão seus; serão convocados sob o nome dos seus irmãos para receberem sua herança. **7** Quando eu voltava de Padã, para minha tristeza Raquel morreu em Canaã, quando ainda estávamos a caminho, a pouca distância de Efrata. Eu a sepultei ali, ao lado do caminho para Efrata, que é Belém".ˣ

8 Quando Israel viu os filhos de José, perguntou: "Quem são estes?"

9 Respondeu José a seu pai: "São os filhos que Deus me deu aqui".ʸ

Então Israel disse: "Traga-os aqui para que eu os abençoe".ᶻ

10 Os olhos de Israel já estavam enfraquecidos por causa da idade avançada, e ele mal podia enxergar.ᵃ Por isso José levou seus filhos para perto dele, e seu pai os beijouᵇ e os abraçou.

11 E Israel disse a José: "Nunca pensei que veria a sua face novamente, e agora Deus me concede ver também os seus filhos!"ᶜ

12 Em seguida, José os tirou do colo de Israel e curvou-se com o rosto em terra. **13** E José tomou os dois, Efraim à sua direita, perto da mão esquerda de Israel, e Manassés à sua esquerda, perto da mão direita de Israel, e os aproximou dele. **14** Israel, porém, estendeu a mão direitaᵈ e a pôs sobre a cabeça de Efraim, embora este fosse o mais novo e, cruzando os braços, pôs a mão esquerda sobre a cabeça de Manassés, embora Manassés fosse o filho mais velho.ᵉ

15 E abençoouᶠ a José, dizendo:
"Que o Deus, a quem serviram
    meus pais Abraão e Isaque,
o Deus que tem sido o meu pastorᵍ
    em toda a minha vida até o dia de hoje,
16 o Anjo que me redimiu de todo o mal,
    abençoe estes meninos.ʰ
Sejam eles chamados pelo meu nome
e pelos nomes de meus pais
    Abraão e Isaque,ⁱ
e cresçam muito na terra".

17 Quando José viu seu pai colocar a mão direita sobre a cabeça de Efraim, não gostou; por isso pegou a mão do pai, a fim de mudá-la da cabeça de Efraimʲ para a de Manassés, **18** e lhe disse: "Não, meu pai, este aqui é o mais velho; ponha a mão direita sobre a cabeça dele".

19 Mas seu pai recusou-se e respondeu: "Eu sei, meu filho, eu sei. Ele também se tornará um povo, também será grande.ᵏ Apesar disso, seu irmão mais novo será maior do que ele,ˡ e seus descendentes se tornarão muitos² povos". **20** Assim, Jacó os abençoou naquele dia, dizendo:
"O povo de Israel usará os seus nomes para abençoar uns aos outros com esta expressão:
Que Deus faça a você como fez a Efraimᵐ e a Manassés!"ⁿ

E colocou Efraim à frente de Manassés.

---

¹ **47.31** Conforme a Septuaginta. O Texto Massorético diz *curvou-se à cabeceira de sua cama*.

² **48.19** Hebraico: *uma plenitude de povos*.

21 A seguir, Israel disse a José: "Estou para morrer, mas Deus estará com vocês*ᵒ* e os levará de volta à terra de seus antepassados.*ᵖ* **22** E a você, como alguém que está acima de seus irmãos,*ᵠ* dou a região montanhosa¹*ʳ* que tomei dos amorreus com a minha espada e com o meu arco."

Jacó Abençoa seus Filhos

49 Então Jacó chamou seus filhos e disse: "Ajuntem-se a meu lado para que eu lhes diga o que lhes acontecerá nos dias que virão.*ˢ*

2 "Reúnam-se para ouvir, filhos de Jacó;
 ouçam o que diz Israel,*ᵗ* seu pai.

3 "Rúben, você é meu primogênito,*ᵘ*
 minha força,*ᵛ*
o primeiro sinal do meu vigor,
 superior em honra, superior em poder.
4 Turbulento como as águas,*ʷ*
 já não será superior,
porque você subiu à cama de seu pai,
 ao meu leito, e o desonrou.*ˣ*

5 Simeão e Levi são irmãos;
 suas espadas são armas de violência.*ʸ*
6 Que eu não entre no conselho deles,
 nem participe da sua assembleia,*ᶻ*
porque em sua ira*ᵃ* mataram homens
e a seu bel-prazer aleijaram bois,
 cortando-lhes o tendão.
7 Maldita seja a sua ira, tão tremenda,
 e a sua fúria, tão cruel!
Eu os dividirei pelas terras de Jacó
e os dispersarei em Israel.*ᵇ*

8 Judá, seus irmãos o louvarão,
 sua mão estará sobre o pescoço
 dos seus inimigos;
os filhos de seu pai se curvarão
 diante de você.*ᶜ*
9 Judá é um leão*ᵈ* novo.
Você vem subindo, filho meu,
 depois de matar a presa.

Como um leão, ele se assenta;
 e deita-se como uma leoa;
quem tem coragem de acordá-lo?
10 O cetro não se apartará de Judá,*ᶠ*
 nem o bastão de comando
 de seus descendentes²,
até que venha aquele
 a quem ele pertence³*ᵍ*,
e a ele as nações obedecerão.
11 Ele amarrará seu jumento
 a uma videira;
e o seu jumentinho,
 ao ramo mais seleto;
lavará no vinho as suas roupas;
 no sangue das uvas,
as suas vestimentas.
12 Seus olhos serão mais escuros
 que o vinho;
seus dentes, mais brancos que o leite⁴.
13 Zebulom*ʰ* morará à beira-mar
 e se tornará um porto para os navios;
suas fronteiras se estenderão até Sidom.
14 Issacar*ⁱ* é um jumento forte,
 deitado entre as suas cargas⁵.
15 Quando ele perceber como é bom
 o seu lugar de repouso
 e como é aprazível a sua terra,
curvará seus ombros ao fardo
e se submeterá a trabalhos forçados.
16 Dã*ʲ* defenderá o direito do seu povo
 como qualquer das tribos de Israel.
17 Dã*ᵏ* será uma serpente
 à beira da estrada,
uma víbora à margem do caminho,
 que morde o calcanhar do cavalo
e faz cair de costas o seu cavaleiro.
18 Ó Senhor,*ˡ* eu espero a tua libertação!
19 Gade*ᵐ* será atacado por um bando,
 mas é ele que o atacará e o
 perseguirá⁶.

² **49.10** Hebraico: *de entre seus pés*.
³ **49.10** Ou *até que Siló venha*; ou ainda *até que venha aquele a quem pertence o tributo*
⁴ **49.12** Ou *ficarão vermelhos por causa do vinho, seus dentes branqueados pelo leite*
⁵ **49.14** Ou *os seus currais*; ou ainda *as suas fogueiras*
⁶ **49.19** Hebraico: *atacará nos calcanhares*.

¹ **48.22** Ou *E a você dou uma porção a mais do que a seus irmãos, a porção que tomei*

²⁰ A mesa de Aser[n] será farta;
   ele oferecerá manjares de rei.
²¹ Naftali[o] é uma gazela solta,
   que por isso faz festa.[1]
²² José[p] é uma árvore frutífera,
   árvore frutífera à beira de uma fonte,
   cujos galhos passam por cima
      do muro.[2]
²³ Com rancor arqueiros o atacaram,
   atirando-lhe flechas com hostilidade.[q]
²⁴ Mas o seu arco permaneceu firme;
   os seus braços continuaram fortes,[r]
      ágeis para atirar,
   pela mão do Poderoso de Jacó,[s]
      pelo nome do Pastor, a Rocha de
         Israel,[t]
²⁵ pelo Deus de seu pai,[u] que ajuda você,
   o Todo-poderoso,[3] que o abençoa
com bênçãos dos altos céus,
   bênçãos das profundezas,[v]
   bênçãos da fertilidade e da fartura.[4]
²⁶ As bênçãos de seu pai são superiores
      às bênçãos dos montes antigos,
      às delícias das colinas eternas.[5]
Que todas essas bênçãos repousem
      sobre a cabeça de José,
   sobre a fronte daquele que foi separado
      de entre[6] os seus irmãos.[w]
²⁷ Benjamim[x] é um lobo predador;
   pela manhã devora a presa
   e à tarde divide o despojo".

²⁸ São esses os que formaram as doze tribos de Israel, e foi isso que seu pai lhes disse, ao abençoá-los, dando a cada um a bênção que lhe pertencia.

---

[1] **49.21** Ou *solta, que pronuncia lindas palavras*
[2] **49.22** Ou *José é um potro selvagem, um potro selvagem à beira de uma fonte, um asno selvagem numa colina aterrada.*
[3] **49.25** O Pentateuco Samaritano, a Septuaginta, a Versão Siríaca e alguns manuscritos do Texto Massorético dizem *Deus todo-poderoso.*
[4] **49.25** Hebraico: *dos seios e do ventre.*
[5] **49.26** Ou *superiores às bênçãos dos meus antepassados, até os limites das colinas eternas*
[6] **49.26** Ou *a fronte do príncipe entre*

A Morte de Jacó

²⁹ A seguir, Jacó deu-lhes estas instruções:[y] "Estou para ser reunido aos meus antepassados.[z] Sepultem-me junto aos meus pais[a] na caverna do campo de Efrom, o hitita, ³⁰ na caverna do campo de Macpela,[b] perto de Manre, em Canaã, campo que Abraão comprou de Efrom, o hitita, como propriedade para sepultura.[c] ³¹ Ali foram sepultados Abraão[d] e Sara,[e] sua mulher, e Isaque e Rebeca,[f] sua mulher; ali também sepultei Lia.

³² "Tanto o campo como a caverna que nele está foram comprados dos hititas".

³³ Ao acabar de dar essas instruções a seus filhos, Jacó deitou-se,[g] expirou e foi reunido aos seus antepassados.[h]

50 José atirou-se sobre seu pai, chorou sobre ele e o beijou.[h] ² Em seguida, deu ordens aos médicos, que estavam ao seu serviço, que embalsamassem seu pai Israel. E eles o embalsamaram.[i] ³ Levaram quarenta dias completos, pois esse era o tempo para o embalsamamento. E os egípcios choraram sua morte setenta dias.[j]

⁴ Passados os dias de luto, José disse à corte do faraó: "Se posso contar com a bondade de vocês, falem com o faraó em meu favor. Digam-lhe que ⁵ meu pai fez-me prestar-lhe o seguinte juramento:[k] 'Estou à beira da morte; sepulte-me no túmulo que preparei para mim[l] na terra de Canaã.[m] Agora, pois, peçam-lhe que me permita partir e sepultar meu pai; logo depois voltarei".

⁶ Respondeu o faraó: "Vá e faça o sepultamento de seu pai como este o fez jurar".

⁷ Então José partiu para sepultar seu pai. Com ele foram todos os conselheiros do faraó, as autoridades da sua corte e todas as autoridades do Egito, ⁸ e, além deles, todos os da família de José, os seus irmãos e todos os da casa de seu pai. Somente as crianças, as ovelhas e os bois foram deixados em Gósen. ⁹ Carruagens e cavaleiros[8] também o acompanharam. A comitiva era imensa.

---

[7] **49.33** Hebraico: *recolheu seus pés na cama.*
[8] **50.9** Ou *condutores de carruagem*

10 Chegando à eira de Atade, perto do Jordão, lamentaram-se em alta voz, com grande amargura;ⁿ e ali José guardou sete diasᵒ de pranto pela morte do seu pai. **11** Quando os cananeus que lá habitavam viram aquele pranto na eira de Atade, disseram: "Os egípcios estão celebrando uma cerimônia de luto solene". Por essa razão, aquele lugar, próximo ao Jordão, foi chamado Abel-Mizraim. **12** Assim fizeram os filhos de Jacó o que este lhes havia ordenado: **13** Levaram-no à terra de Canaã e o sepultaram na caverna do campo de Macpela, perto de Manre, que, com o campo, Abraão tinha comprado de Efrom, o hitita, para que lhe servisse de propriedade para sepultura.ᵖ **14** Depois de sepultar seu pai, José voltou ao Egito, com os seus irmãos e com todos os demais que o tinham acompanhado.

A Bondade de José

15 Vendo os irmãos de José que seu pai havia morrido, disseram: "E se José tiver rancor contra nós e resolver retribuir todo o mal que lhe causamos?"ᵍ **16** Então mandaram um recado a José, dizendo: "Antes de morrer, teu pai nos ordenou **17** que te disséssemos o seguinte: 'Peço-lhe que perdoe os erros e pecados de seus irmãos que o trataram com tanta maldade!' Agora, pois, perdoa os pecados dos servos do Deus do teu pai". Quando recebeu o recado, José chorou. **18** Depois vieram seus irmãos, prostraram-se diante deleʳ e disseram: "Aqui estamos. Somos teus escravos!"ˢ **19** José, porém, lhes disse: "Não tenham medo. Estaria eu no lugar de Deus?ᵗ **20** Vocês planejaram o mal contra mim,ᵘ mas Deus o tornouᵛ em bem,ʷ para que hoje fosse preservada a vida de muitos.ˣ **21** Por isso, não tenham medo. Eu sustentarei vocês e seus filhos".ʸ E assim os tranquilizou e lhes falou amavelmente.

A Morte de José

22 José permaneceu no Egito, com toda a família de seu pai. Viveu cento e dez anosᶻ **23** e viu a terceira geraçãoᵃ dos filhos de Efraim. Além disso, recebeu como seus¹ os filhos de Maquir,ᵇ filho de Manassés. **24** Antes de morrerᶜ José disse a seus irmãos: "Estou à beira da morte. Mas Deus certamente virá em auxílioᵈ de vocês e os tirará desta terra, levando-os para a terraᵉ que prometeu com juramento a Abraão, a Isaque e a Jacó".ᶠ **25** E José fez que os filhos de Israel lhe prestassem um juramento, dizendo-lhes: "Quando Deus intervier em favor de vocês, levem os meus ossos daqui".ᵍ **26** Morreu José com a idade de cento e dez anos. E, depois de embalsamado,ʰ foi colocado num sarcófago no Egito.

---

¹ **50.23** Hebraico: *nasceram sobre os joelhos de José*.

¹⁰ Chegando à eira de Atade, perto do Jordão, lamentaram-se em alta voz, com grande amargura; e ali José guardou sete dias de pranto pela morte do seu pai. ¹¹ Quando os cananeus que lá habitavam viram aquele pranto na eira de Atade, disseram: "Os egípcios estão celebrando uma cerimônia de luto solene". Por essa razão, aquele lugar, próximo ao Jordão, foi chamado Abel-Mizraim.

¹² Assim fizeram os filhos de Jacó o que este lhes havia ordenado. ¹³ Levaram-no à terra de Canaã e o sepultaram na caverna do campo de Macpela, perto de Manre, que, com o campo, Abraão tinha comprado de Efrom, o hitita, para que lhe servisse de propriedade para sepultura. ¹⁴ Depois de sepultar seu pai, José voltou ao Egito, com os seus irmãos e com todos os demais que o tinham acompanhado.

A Bondade de José

¹⁵ Vendo os irmãos de José que seu pai havia morrido, disseram: "E se José tiver rancor contra nós e resolver retribuir todo o mal que lhe causamos?" ¹⁶ Então mandaram um recado a José, dizendo: "Antes de morrer, teu pai nos ordenou ¹⁷ que te disséssemos o seguinte: 'Peço-lhe que perdoe os erros e pecados de seus irmãos que o trataram com tanta maldade'. Agora, pois, perdoa os pecados dos servos do Deus do seu pai". Quando receben o recado, José chorou.

¹⁸ Depois vieram seus irmãos prostraram-se diante dele e disseram: "Aqui estamos. Somos teus escravos!"

¹⁹ José, porém, lhes disse: "Não tenham medo. Estaria eu no lugar de Deus? ²⁰ Vocês planejaram o mal contra mim, mas Deus o tornou em bem, para que hoje fosse preservada a vida de muitos. ²¹ Por isso, não tenham medo. Eu sustentarei vocês e seus filhos". E assim os tranquilizou e lhes falou amavelmente.

A Morte de José

²² José permaneceu no Egito, com toda a família de seu pai. Viveu cento e dez anos ²³ e viu a terceira geração dos filhos de Efraim. Além disso, recebeu como seus os filhos de Maquir, filho de Manassés.

²⁴ Antes de morrer, José disse a seus irmãos: "Estou à beira da morte. Mas Deus certamente virá em auxílio de vocês e os tirará desta terra, levando-os para a terra que prometeu com juramento a Abraão, a Isaque e a Jacó". ²⁵ E José fez que os filhos de Israel lhe prestassem um juramento, dizendo-lhes: "Quando Deus intervier em favor de vocês, levem os meus ossos daqui".

²⁶ Morreu José, com a idade de cento e dez anos. E, depois de embalsamado, foi colocado num sarcófago no Egito.

LIDERANÇA ESPIRITUAL

O sublime chamado para a liderança espiritual

> *"Pois agora o clamor dos israelitas chegou a mim, e tenho visto como os egípcios os oprimem. Vá, pois, agora; eu o envio ao faraó para tirar do Egito o meu povo, os israelitas'. Moisés, porém, respondeu a Deus: 'Quem sou eu para apresentar-me ao faraó e tirar os israelitas do Egito?'.*
>
> *"Deus afirmou: 'Eu estarei com você'."*
>
> Êxodo 3.9-12

A liderança espiritual é um chamado sublime e sagrado. Diante da sarça ardente, Moisés aprendeu que a liderança espiritual pode ser ao mesmo tempo animadora, desafiadora e aterrorizadora. A simples ordem de Deus — "Vá, pois, agora" — mudaria radicalmente a vida de Moisés. Mas Deus também disse repetidamente a Moisés o que todo líder precisa ouvir — "Eu estarei com você". Consequentemente, através do relato bíblico vemos Moisés crescer como líder.

O chamado à liderança espiritual ainda gera sentimentos contraditórios. Esse chamado continua sendo animador, desafiador e aterrorizador. Como Moisés, você também pode se sentir animado e ao mesmo tempo fora de lugar. Os artigos desta seção oferecem aconselhamento prático e sábio sobre liderança espiritual vindo de líderes experientes. Como Moisés, você também pode crescer como líder. E em meio às distrações e aos desafios da liderança, como Moisés, você também pode ouvir a incrível promessa de Deus: "Eu estarei com você".

LIDERANÇA ESPIRITUAL

O sublime chamado para a liderança espiritual
Claude Alexander

Há momentos na vida como cristão em que você é procurado por sua liderança, direção, por seu conhecimento ou *know-how*. Espera-se que você assuma responsabilidade, proteja as pessoas do perigo e seja o orientador e mantenedor de todos. Muitas pessoas nessas horas não são capazes de lidar, enfrentar ou carregar o fardo. Deus chama você e concede a oportunidade para você realizar aquilo que outras pessoas não são capazes de fazer. Nessas horas, você pensa: "Será que dou conta disso melhor que os outros?". Guiado pelo Deus a quem sirvo, poderei fazer melhor? Com base no relacionamento que tenho com o Senhor, poderei realizar, dirigir, conduzir, enfrentar, perseverar ou vencer obstáculos melhor do que os que não conhecem o Senhor? Nesses momentos a relevância e a firmeza da fé são desafiadas, e você tem a oportunidade de enfrentar o desafio de frente.

Foi exatamente isso que aconteceu com Daniel durante o segundo ano do reinado de Nabucodonosor. Durante toda a vida, Nabucodonosor teve sonhos que não conseguia compreender. Essa foi uma daquelas ocasiões. O rei teve um sonho perturbador, que o perturbou tanto a ponto de ele convocar todos os astrólogos do palácio para ajudá-lo. Seu pedido era estranho. O rei não pede a eles que simplesmente interpretem o sonho. Pede para que eles primeiro contem o sonho e depois o interpretem. Os astrólogos querem saber qual foi o sonho para interpretá-lo. O rei insiste em que eles contem primeiro o sonho e depois o interpretem. Os astrólogos respondem dizendo que não há sequer um ser humano na terra que possa atender ao pedido do rei: "[...] ninguém pode revelar isso ao rei, senão os deuses, e eles não vivem entre os mortais.".

Nabucodonosor fica furioso diante da incapacidade dos astrólogos. O rei ficou tão desgostoso a ponto de emitir um decreto de executar todos os sábios da Babilônia por propaganda falsa. Eles não foram capazes de fazer aquilo que diziam ser capazes de fazer. A situação era horrível. De um lado, há a exigência de Nabucodonosor e, de outro, a incapacidade dos astrólogos. Consequentemente, todos os sábios correm o risco de ser executados, incluindo Daniel e seus amigos. Nenhum sábio babilônio foi capaz de atender ao pedido do rei. A questão é se Daniel e seus amigos conseguiriam fazê-lo.

Talvez você imagine que nunca estará numa situação como essa. Apesar de você poder ter razão, isso não muda o fato de que, no decorrer da vida, você se deparará com perguntas que exigirão resposta e o desafio de respondê-las será responsabilidade sua. Há dilemas a serem resolvidos, e você será desafiado a resolvê-los. Haverá brechas a serem reparadas, e será sua tarefa repará-las. Ninguém mais será capaz de resolver. A responsabilidade é sua. Essa é justamente a essência do sublime chamado à liderança espiritual.

A questão é como você vê a sua própria vida. Trata da visão da vida como missão. Você está aqui com um propósito. Você tem uma missão. Você está destinado a responder algo, resolver e prover algo, liderar, descobrir, compor, escrever, dizer, traduzir, interpretar, cantar, criar, ensinar, pregar, administrar algo, aguentar e superar alguma coisa, e, ao fazê-lo, você fortalecerá a vida de outros que estão sob o poder de Deus, para a glória de Deus.

Com o decreto do rei, alguns homens são enviados para encontrar e matar Daniel e seus amigos. Daniel pergunta ao capitão da guarda qual era a razão de um decreto tão severo. Depois de saber o motivo, Daniel implora para ver o rei para que possa dizer a ele o que significava o sonho. Ele assumiria a responsabilidade naquela situação. Ele enfrentaria o desafio.

No livro de Daniel, essa é a primeira vez que se menciona Daniel interpretando um sonho. Aquela não era apenas uma tarefa que outros magos não conseguiam fazer, mas também, no contexto do livro de Daniel, era a primeira vez que Daniel aparece interpretando um sonho. Há momentos em que a necessidade não se refere a algo que ninguém mais pôde realizar. Muitas vezes se trata de coisas que você mesmo nunca fez. É como lidar com algo sem precedentes, não provado, que ninguém jamais tentou, algo inimaginável. É um chamado para abrir a picada e traçar o caminho.

Pela graça de Deus, Daniel encarou o desafio. Quando surgir uma situação semelhante, você fará o mesmo? A liderança espiritual diz respeito a como você responde a essa pergunta.

Como saber se você foi chamado para a liderança espiritual
Gordon MacDonald

O conceito de *chamado* é uma das ideias bíblicas mais profundas. A Bíblia está repleta de histórias de homens e mulheres que, ao serem intimados a servir, atenderam ao chamado e marcaram sua geração de modo especial. Esses chamados têm diversas coisas em comum.

O chamado bíblico procede do próprio ser de Deus. Deus Pai *chamou* Abraão, Moisés, Isaías e Amós (para mencionar alguns). Jesus *chamou* os Doze para "estar com ele" e depois os enviou para fazer discípulos de todas as nações. O Espírito Santo *chamou* Saulo, Barnabé e outros para o apostolado. Ninguém na Bíblia ungiu-se a si mesmo.

O chamado bíblico era imprevisível. Gideão, por exemplo, respondeu ao chamado dizendo: "[...] como posso libertar Israel? Meu clã é o menos importante de Manassés, e eu sou o menor da minha família." Por que Davi? Por que Jeremias? Por que Simão Pedro? No meio de tantas pessoas, por que Saulo de Tarso, que posteriormente menciona que "fui blasfemo, perseguidor e insolente?".

O chamado bíblico tem como foco objetivos aparentemente impossíveis. Noé é chamado para construir um barco; Moisés para tirar um povo do Egito; Elias para confrontar um rei perverso; Paulo para pregar aos gentios. Mas o chamado foi tão convincente que deu coragem ao que foi chamado.

O chamado bíblico era singular. Nenhum chamado era igual ao outro. As circunstâncias, a natureza, as exceções do chamado: cada um com sua peculiaridade. Quando Deus desejava que uma mensagem fosse pregada ou um povo fosse dirigido, ele ordenava a alguém que o executasse de modo sem precedentes.

LIDERANÇA ESPIRITUAL

Pessoas, às vezes estranhas, eram escolhidas enquanto outras, aparentemente mais dignas e capazes, não eram. Para alguns de nós, o chamado é dramático. Num momento impetuoso, você adquire um senso de convicção de que Deus falou e o orientou. Depois disso, você jamais será o mesmo. Para outras pessoas, como eu mesmo, o chamado é como uma constante goteira: insiste até que você finalmente se rende: "Está bem. *Está bem!*". Então, como saber se Deus nos chamou para o pastorado ou para o ministério eclesiástico? Vários elementos marcam a autenticidade do chamado. Um chamado especial normalmente resulta de três ou quatro aspectos.

1. O chamado é claro
Deus realmente fala com as pessoas! De que maneira? Muitas e variadas. Mas sempre há um momento em que Deus de maneira clara e segura coloca a mão sobre você e o empurra em direção a um grupo específico de pessoas, assunto ou função. Amy Carmichael foi chamada para servir na Índia. Lutero foi chamado para pregar a justificação. Billy Graham foi chamado para evangelizar.

2. O chamado é confirmado
A autenticidade de um chamado geralmente (nem sempre, mas *geralmente*) é confirmada por outros que percebem a obra singular do Espírito Santo de modo especial na vida de alguém. Um ótimo exemplo é a ação dos profetas e mestres de Antioquia que ouviram o chamado do Espírito Santo a Saulo e Barnabé. Da mesma forma foi o apoio encorajador que Priscila e Áquila deram a Apolo. Ouso dizer que — ainda que reconheça exceções extraordinárias — um chamado ao ministério não é propriamente um chamado até que uma parte do Corpo de Cristo o reconheça.

3. O chamado envolve dom
Há histórias pitorescas (e provavelmente verdadeiras) de chamados em que a pessoa não tinha nenhuma capacidade aparente para a obra ministerial. Mas esses casos são raros. Aliado ao chamado vem o dom — a capacitação misteriosa de força e espírito concedida por Deus ao que é chamado. Quando essas pessoas estão em sintonia com o próprio chamado, algo extraordinário acontece, e nós, os observadores, ficamos estarrecidos.

4. O chamado produz frutos
Novamente há exceções, mas a questão decisiva é a seguinte: As pessoas são impactadas pela pessoa que foi chamada? São conduzidas para mais perto de Jesus? Tornam-se cada vez mais semelhantes a Cristo? São motivadas a buscar maior compromisso e visão? Essas são algumas das perguntas que podem ser úteis para avaliar um chamado. Quando Eric Liddell, cuja vida é retratada no filme *Carruagens de Fogo*, disse à irmã: "Quando corro, sinto que Deus fica satisfeito", ele tocou uma dimensão de um *chamado* difícil de explicar. Quando a pessoa vive obedientemente no centro de um chamado, é possível sentir o prazer de Deus; é possível experimentar a verdadeira alegria.

O que sustenta as pessoas chamadas enquanto enfrentam dificuldades? Somente a lembrança indelével de um instante quando tiveram plena certeza de que Deus falou e de que